Michael Pies

Die Unterscheidung der Geister bei Privatoffenbarungen

und die große Gefahr der Esoterik

Michael Pies

Die Unterscheidung der Geister bei Privatoffenbarungen

und die große Gefahr der Esoterik

PATRIMONIUM-VERLAG 2023

Impressum

Printed in Germany

Patrimonium Theologicum

Patrimonium-Verlag
Verlagsgruppe Mainz
Süsterfeldstraße 83
52072 Aachen

www.patrimonium-verlag.de

Gestaltung, Druck und Vertrieb:
Druck & Verlagshaus Mainz
Süsterfeldstraße 83
52072 Aachen
www.verlag-mainz.de

Abbildungsnachweis:
https://en.m.wikipedia.org/wiki/File:Félix_Joseph_Barrias_-_The_Temptation_of_Christ_by_the_Devil_-_Google_Art_Project.jpg

Dieses Buch behandelt die persönlichen Erfahrungen und Ansichten des Autors und spiegelt nicht zwangsläufig die Ansichten des Verlages wider.

ISBN-10: 3-86417-204-7
ISBN-13: 978-3-86417-204-5

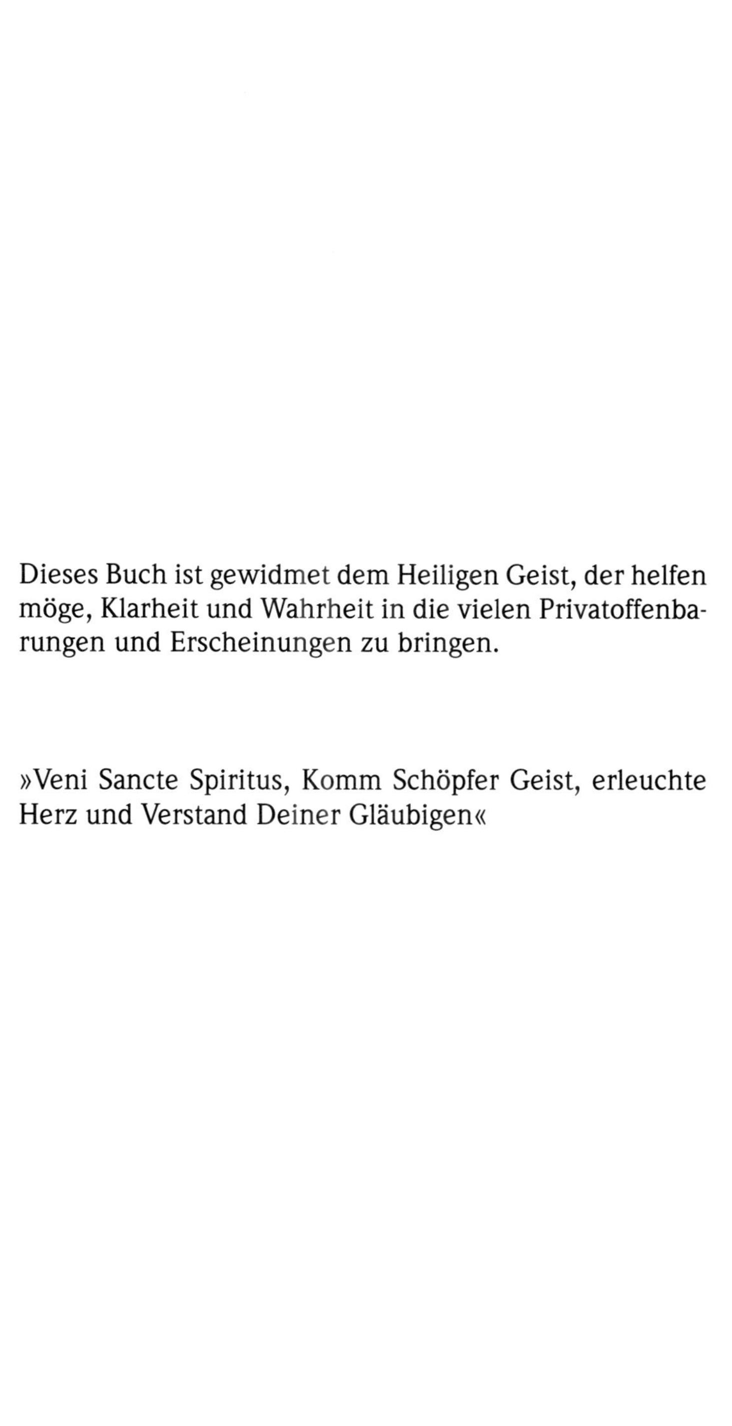

Dieses Buch ist gewidmet dem Heiligen Geist, der helfen möge, Klarheit und Wahrheit in die vielen Privatoffenbarungen und Erscheinungen zu bringen.

»Veni Sancte Spiritus, Komm Schöpfer Geist, erleuchte Herz und Verstand Deiner Gläubigen«

Inhalt

Gebet des Heiligen Thomas von Aquin

Schöpfer des Alls,
wahrer Quell des Lichtes und der Weisheit,
erhabener Ursprung allen Seins,
lass gnädig einen Strahl Deiner Klarheit
in das Dunkel meines Verstandes dringen
und nimm von mir die zweifache Finsternis,
in der ich geboren bin:
die Sünde und die Unwissenheit.
Gib mir Scharfsinn zum Begreifen,
gutes Gedächtnis zum Behalten,
Fähigkeit zum rechten und gründlichen Erfassen,
Feinheit und Genauigkeit im Erklären,
Fülle und Anmut im Ausdruck.
Lehre den Anfang,
lenke den Fortgang,
hilf zur Vollendung,
Durch Christus unseren Herrn.

AMEN.

Vorwort

Marienerscheinungen, Jesuserscheinungen, Visionen, Botschaften des Himmels; es ist unbestreitbar, dass wir in einer Zeit leben, wo solche »Privatoffenbarungen« ungemein zugenommen haben: Überall auf der Welt neue Erscheinungsorte und dramatische Botschaften, die die Menschen faszinieren und aufhorchen lassen. Da viele Menschen glauben, dass das Ende der uns bekannten Welt nahe ist, stürzen sie sich wie selbstverständlich auf alle diese »Botschaften«, da sie denken, dass nun der Himmel dabei ist, sich zu Wort zu melden und ihnen in ihrer Bedrängnis zu helfen. Aber da gilt es bei all die vermeintlichen Erscheinungen und der Euphorie um diese Privatoffenbarungen Vorsicht walten zu lassen und sich die Worte aus dem heiligen Evangelium nach Matthäus einzuprägen, und zwar Matthäus 24,20–35:

> *»Wenn dann jemand zu Euch sagt: Seht, hier ist Christus, oder dort, so glaubt es nicht. Es werden nämlich falsche Christusse und falsche Propheten auftreten, und sie werden große Zeichen und Wunder tun, um so, – wenn es möglich wäre –selbst die Auserwählten in Irrtum zu führen. Seht, ich habe es Euch vorhergesagt. Wenn sie also zu Euch sagen: Seht er ist in der Wüste, so geht nicht hinaus; seht er ist in den Gemächern, so glaubt es nicht! Denn wie der Blitz vom Osten ausgeht, und bis zum Westen leuchtet, so wird auch die Ankunft des Menschensohnes sein. Wo immer ein Aas ist, da sammeln sich die Geier.«*

Es gilt jetzt in aller Ruhe zu beobachten, zu beten und ohne jegliche Erscheinungseuphorie an diese vermeintlichen Erscheinungsorte heranzugehen. Die Heilige Katholische Kirche hat uns in den vergangenen Jahrhunderten viele Heilige und Kirchenlehrer geschenkt, die sich immer wieder mit diesen Phänomenen beschäftigen mussten. Auf diese von Gott auserwählten Menschen und ihre Schriften werde ich in diesem Buch zurückgreifen, um hinsichtlich der Erscheinungen zu einem angemessenen Urteil zu kommen.

In keinster Weise möchte ich durch dieses Büchlein einem eventuellen Urteil der Heiligen Katholischen Kirche in irgendeiner Form vorgreifen, nur sie hat das Recht und die Pflicht, Privatoffenbarungen oder etwaige neue Erscheinungsorte kirchlich anzuerkennen oder nicht. Meine Meinung ist die eines katholischen Laientheologen, der versucht, Klarheit und Wahrheit in diese nunmehr seit Jahren andauernden Phänomene zu bringen. Bei dieser Arbeit wurde ich durch einige katholische Priester unterstützt und auch mit priesterlichem und bischöflichem Segen gestützt und gestärkt. Ich versichere hiermit auch den Lesern dieses Büchleins, dass ich nichts außer objektiv feststellbaren Wahrheiten und Tatsachen hier aufführe, von denen nichts frei erfunden ist und alles sorgfältig recherchiert wurde. Ich halte mich an die Wahrheit und die göttliche Lehre unseres Herrn und Erlösers Jesus Christus, es geht hier nur um Tatsachen und keine Gerüchte oder Fiktionen. Ich bin mir bewusst, dass ich viele mir nahestehende Menschen mit dem Inhalt dieses Buches vor den Kopf stoßen werde, denen diese vermeintlichen Erscheinungsorte sehr viel bedeuten und die ihre ganze Hoffnung auf diese Erscheinungen gesetzt hatten. Und das liegt daran, dass wir in einer sehr extremen Zeit leben, die unsere uns bekannte Welt, unsere Kirche, die Politik und das Leben vieler Menschen quasi auf den Kopf gestellt hat. Pandemie, Kriege, Wirtschaftskrise, alles ist durcheinandergeraten. Nichtsdestotrotz heißt es jetzt Flagge zeigen und die Wahrheit aufdecken, um damit auch der Gerechtigkeit im Sinne des göttlichen Willens zu dienen. Die Wahrheit siegt immer, man kann sie eine Zeit lang hinter nicht erklärbaren Phänomenen verstecken, aber im Endeffekt ist nur Jesus Christus der Weg, die Wahrheit und das Leben und zu seiner Ehre und zu Ehren der Allerheiligsten Dreifaltigkeit wurde dieses Büchlein geschrieben.

Gelobt sei Jesus Christus, in alle Ewigkeit. AMEN.

Einleitung

Erscheinungen, Privatoffenbarungen, Visionen und noch mehr spezielle mystische Erfahrungen, es gibt eine reiche Auswahl hier in Deutschland, Europa und überall auf der Welt.

Viele, leider sehr sehr viele gläubige Christen glauben zwar an Gott, den Schöpfer aller Dinge, aber sie stützen und verlassen sich nicht wirklich auf ihn, sondern machen sich Tag für Tag nur Sorgen über alle möglichen Dinge dieser Welt, die mit bedingungslosem Vertrauen zu Gott eigentlich nicht vereinbar sind. Die ständige Angst vor der ungewissen Zukunft, die Angst vor Terroranschlägen, Umweltkatastrophen, Angst vor dem Alter sowie Angst um die Zukunft der eigenen Kinder lähmt diese Menschen und beeinträchtigt ihr Gottvertrauen. Denn weil wir, ich beziehe mich als Autor dieses Büchleins durchaus damit ein, uns nicht wirklich auf den Herrn verlassen, und unsere menschliche Hoffnung auf seiner wunderbaren Vorsehung richten, werden wir von Ängsten und Sorgen vereinnahmt und umzingelt. Angst herrscht da, wo kein ausreichendes Gottvertrauen existiert. Und dies ist der entscheidende Grund für die daraus resultierende innere Unruhe. Nun folgt daraus die Sehnsucht nach Zeichen, nach Prophezeiungen, nach übernatürlichen Ereignissen, nach Mirakeln und Wundern, und das geschieht gerade weltweit. Nun möchten wir mehr wissen, als der Glaube uns bisher offenbart hat. Wir möchten mehr wissen, als das was die Bibel uns mit dem Heiligem Geist offenbart hat, wir wollen Fakten und nicht alleine nur glauben.

Aus einer Vision des Heiligen Don Bosco wird berichtet, dass er sah, wie von allen möglichen Seiten Wasser in das große Schiff der Kirche eingedrungen sei, um dieses Schiff zu versenken. Und da haben wir eine Vision, die gerade dabei ist, sich zu erfüllen. Denn außer den schon offensichtlich großen Problemen innerhalb der Kirche, ist auch die falsche

Mystik, die Pseudomystik, ein gefährliches Wasser, was von der Seite in das Schiff der Kirche eindringt. Die Pseudomystik, die in heutiger Zeit über dubiose Botschaften, Privatoffenbarungen, und Prophezeiungen in Sekundenschnelle per Internet weltweit verbreitet wird. Und dazu noch in katholischen Verlagen, durch Schriften und Bücher ohne jegliche kirchliche Erlaubnis, verkauft und den gläubigen Lesern an die Hand gegeben wird. Und das bisweilen sogar in offenem oder verstecktem Ungehorsam gegenüber der Heiligen Kirche, denn hier geht es dann doch mehr um Kommerz, und das ist allemal ohne Vorprüfung, ein durchschlagendes Argument. Keiner der dafür Verantwortlichen denkt im Geringsten an die geistlichen Folgen, die diese Werke für die gläubigen Leser und Konsumenten hat. Viele gutgläubige Christen sind sich nicht im Geringsten bewusst, welche Gefahren damit verbunden sind und wie viele Menschen vor allem psychisch durch dieses Beschäftigen mit den Privatoffenbarungen krank geworden sind. Viele Menschen geraten in tiefe Krisen und Depressionen, wenn sie im Laufe der Zeit feststellen müssen, dass diese Dinge, an die sie geglaubt auf auf die sie ihr Leben aufgebaut hatten, nicht eingetroffen sind und nicht vom Himmel kamen.

Die Kirche hat immer in ihrer Geschichte davor gewarnt, denn durch diese Pseudomystik sind schon die unglaublichsten Verwirrungen in der Kirchengeschichte entstanden.

Die Problematik an der Literatur und den Internetauszügen über die immer zahlreicheren »Erscheinungsorte« und »Privatoffenbarungen« liegt meines Erachtens darin, dass größtenteils nicht hinterfragt wird und man jegliche Offenbarung als gegebene Tatsache betrachtet und damit auch als »himmlisch« akzeptiert, ohne sich die Mühe zu machen, alles in Ruhe und auf Distanz zu überprüfen.

Es gibt in diesen für uns allen sehr schwierigen Zeiten immer mehr Menschen, die sich von einer Privatoffenbarung zur nächsten hangeln. Jesus hat in Italien das gesagt und in Deutschland das, und die Gottesmutter hat zu Corona das gesagt und zum Dritten Weltkrieg hat sie in den USA jenes gesagt. Das ist viel zu leichtgläubig und ich warne vor leichtfertiger Annahme aller möglichen Botschaften. Es gilt hier vorher zu beten, und zwar intensiv zum Heiligen Geist zu beten um die Gnade der Gabe der Unterscheidung der Geister. Mit Hilfe des Heiligen Geistes ist dies in vielen Fällen unschwer möglich.

Ich verweise hiermit nochmals auf die oben genannte Bibelstelle aus dem Matthäus-Evangelium 24,11. »Viele falsche Propheten werden aufstehen und werden viele verführen!«

Auch die Äußerungen einiger Anhänger von Privatoffenbarungen, die von sich geben, dass doch die meisten Botschaften dieses oder jenes Sehers so himmlisch sind, dass dann auch mal nicht ganz so wahrheitsgetreue Botschaften darunter sein können, halte ich für absurd.

Ein mir bekannter katholischer Priester aus München hat mir in einem Telefonat vor einigen Wochen als Richtschnur folgende sehr weise Worte mit auf den Weg gegeben:

»Gott ist perfekt, allmächtig und die ewige Wahrheit und die ewige Liebe. Wenn er sich herablässt, durch einen Propheten seine Wahrheit zu verkünden, dann ist diese Wahrheit perfekt und fehlerlos. Es kann keine Halbwahrheiten beim Schöpfer aller Dinge geben. Es ist mit der Allmacht Gottes und der ewigen Wahrheit unvereinbar, wenn von Propheten teils wunderschöne ›himmlische‹ Botschaften verkündet werden und dann aber plötzlich Botschaften auftauchen, die merkwürdig und irritierend klingen. Bei Gott ist alles wahr und perfekt; es kann nicht sein, dass man zwischen guten und weniger guten Botschaften unterscheiden muss, dann hat sich dieser ›Prophet‹ damit schon selbst disqualifiziert.«

Diesen Worten des Priesters ist wohl nichts mehr hinzuzufügen.

Gerade bei den heute doch so stürmischen Zeiten sollten wir ganz vorsichtig und behutsam mit den aus aller Welt auf uns einströmenden Botschaften und Prophezeiungen umgehen. Nur mit intensivem Gebet, und den Sakramenten der Heiligen Katholischen Kirche als Hilfsmittel, werden wir auf dem Weg der göttlichen Wahrheit bleiben und nicht auf Irrwege gelangen. Beten wir täglich und beständig um die Gabe der Unterscheidung der Geister. Und vergessen wir nicht, dass die dunkle Seite, der Teufel, enorme Möglichkeiten besitzt zu täuschen und uns in die Irre zu führen. Er ist durchaus in der Lage, himmlische Erscheinungen nachzuäffen oder vermeintliche himmlische Botschaften auszusprechen. Er ist in der Lage, neunzig Prozent aller Botschaften als göttlich zu »verkaufen«, aber die zehn Prozent, die nicht himmlisch sind, haben es dann in sich und sind mehr als gefährlich. Er ist ein Künstler in Täuschung und Verwirrung. Und da gilt es anzusetzen.

Grundsätzliches zu den unterschiedlichen Geistern

Schon der Heilige Apostel Paulus warnt in seinen Briefen oft vor Gottfeindlichen Mächten, die beabsichtigen, den Menschen von Jesus Christus fernzuhalten und vom Glauben an Gott abzubringen. Dieser dunklen Seite steht die helle himmlische Seite gegenüber, hier agiert der Heilige Geist, der das Herz des Menschen für Gott öffnen möchte. Schon die ersten Christen kannten feste Regeln, mit denen sich die Geister unterscheiden lassen konnten. Christus hatte seine Apostel und Jünger schon zu Lebzeiten davor gewarnt, nicht in die Fänge der bösen Geister zu fallen. Und diese Warnung gilt weiterhin auch für uns alle, die wir uns in seiner Nachfolge bewegen.

Wir müssen uns einfach immer wieder klar machen, dass diese irdische und materielle Welt nur die für uns im Moment sichtbare Welt ist. Wie wir es im Credo immer wieder bekennen, wir glauben an die sichtbare und die unsichtbare Welt. Denn um uns herum gibt es nun mal auch eine Welt, die wir im Moment noch nicht erkennen können. So wie wir in dieser unserer materiellen Welt Tag für Tag den Kampf zwischen Gut und Böse erleben, so herrscht auch außerhalb dieser unserer Welt ein ständiger Kampf zwischen Licht und Finsternis. Es gibt von Gott beauftragte Engel, die an unserer Seite stehen und uns helfen, aber es gibt auch die dunklen Engel der Gegenseite, die uns verführen und vom Weg zu Gott abbringen wollen. Auch wenn das für viele Menschen heutzutage schwer nachvollziehbar ist, sollten wir uns wieder darauf besinnen, die Heilige Schrift als Maßstab und Grundlage für unser Leben anzunehmen. Die Bibel lehrt uns doch von Anfang an, dass es unterschiedliche Engel gibt, die ständig für die gute beziehungsweise dunkle Seite im Einsatz sind. Glauben wir fest an die Worte der

Bibel, dann können wir vielleicht erahnen, was sich ständig sowohl in der sichtbaren, als auch in der unsichtbaren Welt abspielt.

Grundsätzlich sind wir alle von Gott geschaffene und geliebte Geschöpfe. Wir alle sind sein Werk der göttlichen Liebe, und haben nach der Taufe die Möglichkeit, unser irdisches Leben so zu gestalten, dass wir nach diesem irdischen Leben zu unserem himmlischen Vater zurückkehren dürfen. Aber: Der Feind schläft nicht. Er ist immer aktiv und versucht, diesen unseren Weg zu Gott zu behindern und uns zu Fall zu bringen. Denn auch Satan ist Kernbestandteil der Bibel und auch er hat seine Armee, die ständig für ihn im Einsatz ist. Doch wir dürfen niemals vergessen, dass wir alles haben, was uns gegen diese Angriffe schützt: Heilige Messen, Anbetung, Rosenkranz, Sakramente, Beichte, Weihwasser, all das hilft uns bei der Abwehr der feindlichen Kräfte.

Der Versucher lauert und ist immer da. Er war bei Judas da, er ist in dieser Welt immer da, wie wir leider immer mehr feststellen können. »Führe uns nicht in Versuchung« oder »lass uns nicht in Versuchung geraten«, nur unser ständiges Gebet hilft uns, diesen ständigen Kampf zwischen Licht und Finsternis siegreich zu bestehen. Und nun heißt es für jeden von uns, mit den guten Geistern des Himmels zusammen die bösen Geister zu identifizieren, die uns auf den falschen Weg bringen wollen.

Unterscheidung der Geister nach dem Heiligen Ignatius von Loyola

Ein Meister in der Unterscheidung dieser Geister war der Heilige Ignatius von Loyola (1491–1556), der überzeugt davon war, dass man diese Unterscheidung der Geister ständig üben und verbessern könne. Nach Ignatius von Loyola gibt es für den Menschen drei innere Eingebungen: aus sich selbst heraus, solche von Gott und dem Heiligen Geist und die vom bösen Geist.

Diese müssen ganz behutsam geprüft und unterschieden werden, um den eigentlichen Willen Gottes zu erkennen. Der gute Geist will das Gute, also das Projekt Gottes mit dem Menschen, gelingen lassen. Der böse Geist oder wie Ignatius ihn bezeichnet, der Feind der menschlichen Natur, will Gottes Pläne mit den Menschen zu Fall bringen. Das heißt, wir sprechen hier von einem dialogischen Gottesbild; Gott ist gut, aber hat auch einen bösen Gegenspieler.

In seinen Exerzitien sagt uns Ignatius von Loyola, dass der böse Geist wie ein falscher Liebhaber vorgeht. Er schmeichelt dir, er erzählt dir, was du gerne hören möchtest, er verleitet dich zum Selbstbetrug und zur Heimlichtuerei. Sein Ziel ist es, dass seine geheimen Absichten nicht entdeckt werden, auch nicht von der Person, die er angreift. Deshalb ist es laut Ignatius wichtig, dass der Betreffende in solchen Situationen das Ganze einem klugen und gelehrten Menschen offenbart, bei Visionen seinem Seelenführer und Beichtvater. So werden häufig die verkehrten Absichten des »bösen Feindes« aufgedeckt.

Der gute, an göttlicher Liebe orientierte Geist vermittelt »wahre Fröhlichkeit und geistliche Freude«, er schenkt bleibenden Trost und Vertrauen in die göttliche Barmherzigkeit.

Auch und gerade bei den Sehern und Propheten sind ihre Gedanken von Anfang bis Ende auf das Göttliche Gute ausgerichtet und ihre Gedanken und ihre Werke sind von Sanftheit und Güte gekennzeichnet.

Der böse Geist hingegen, der oftmals in Gestalt eines Lichtengels erscheint, verbirgt sich hinter Scheingründen und verborgenen Täuschungen. Er bewirkt, eben auch bei den Sehern und Propheten sowie deren »Anhang«, Verwirrung, Unruhe, Unfrieden und Spaltung.

Und hier heißt es wie in allen anderen gleichgelagerten Fällen, sich immer wieder einem guten Beichtvater und Seelenführer anzuvertrauen, der dann in der Lage sein sollte, auch die hinterlistigsten Machenschaften des bösen Feindes aufzudecken.

Soweit die doch sehr intensiven und hilfreichen Gedanken des Heiligen Ignatius von Loyola, die einen wunderbaren Einstieg in die Welt der guten und bösen Geister bieten, und uns schonmal eine erste Hilfe zur Unterscheidung dieser Geister sein sollte.

Trotz dieser ganzen Widrigkeiten, trotz dieses andauernden und für uns Menschen manchmal schwer zu erkennenden Kampfes zwischen Licht und Finsternis dürfen wir niemals im Gottvertrauen nachlassen. Wir müssen uns in diesem Gottvertrauen immer wieder bewusst machen, dass die von Gott geschaffene Welt wunderbar, perfekt und in höchster Vollendung geschaffen ist, daran dürfen wir niemals zweifeln. Und dass wir immer mehr den Eindruck haben, dass die Welt aus den Fugen geraten ist und das Böse immer stärker wird, das hat überhaupt nichts mit göttlicher Unvollkommenheit zu tun, sondern mit menschlicher Freiheit. Die Schöpfung stöhnt und ächzt, auch sie wartet auf die Wiederkunft Christi zur Vollendung der göttlichen Ordnung. Und mit diesem »Stöhnen und Ächzen« der Schöpfung ist nun mal auch das Einhergehen der dunklen Kräfte verbunden. Das gehört zu diesem beschriebenen Kampf zwischen Licht und Finsternis einfach dazu. Aber wir sollten nicht verzagen oder Angst haben. Wir haben alles, was wir brauchen, diese Geister zu identifizieren und zu besiegen. Denn die Wahrheit und Liebe Gottes, personifiziert durch den Kreuzestod seines göttlichen Sohnes Jesus Christus und die Klarheit und Kraft des Heiligen Geistes, diese Wahrheit siegt immer und ewig.

Privatoffenbarungen und Visionen nach J.B. Scaramelli

Bezüglich aller dieser Visionen müssen wir immer wieder daran denken, dass es falsch ist, ohne jede Prüfung alle möglichen Visionen und Privatoffenbarungen für echt zu halten, wie es genauso falsch ist – und auch dies ist in kirchlichen Kreisen üblich – jede Vision und Privatoffenbarung abzulehnen. Dass solche Visionen und Privatoffenbarungen in der Kirchengeschichte vorgekommen sind und auch heute noch vorkommen, ist Tatsache. Doch es ist nicht alles Gold, was glänzt, und das gilt erst recht bei den mystischen Visionen.

Bei den nun folgenden Ausführungen verweise ich auf die im Literaturverzeichnis enthaltenen Schriften von J.B. Scaramelli (1687–1752), des italienischen Jesuiten und Priesters, eines ausgesprochenen Fachmannes in Sachen Mystik.

Laut den Schriften von Scaramelli ist das Zeichen von echten Visionen immer, dass sie anfangs Furcht und Angst einflössen, und erst allmählich wieder Frieden und Ruhe bei dem betroffenen Visionär eintreten lassen. Andersherum ist es bei den dämonischen Visionen, die mit Entzückung und purer Freude beginnen und dann mit Unruhe und Verwirrung beziehungsweise Traurigkeit enden. Heilige himmlische Visionen sollten eine Erhebung des Geistes zu Gott bewirken und im Anschluss das Verlangen zum Gebet in sich haben. Teuflische Visionen bewirken dagegen ein sinnliches Wohlgefallen, machen die Seele trocken und bewegen von Gott weg.

Ein ganz wichtiges Zeichen in diesem Zusammenhang ist, dass die himmlischen Visionen durch ihre Intensität und die göttliche Nähe eine ganz tiefe Demut im Seher bewirken, denn durch diese Kontaktaufnahme mit der allumfassenden

Liebe Gottes erfährt dieser seine eigene Kleinheit und die Größe und Allmacht des Schöpfers. Sein Wunsch ist es danach, sich nur noch in die Stille zum Gebet zurückzuziehen. Der wirklich vom allmächtigen Gott berufene Seher hat keinerlei Bedürfnis, diese Offenbarungen irgendjemandem außer seinem Beichtvater und Seelenführer mitzuteilen, dem er sich im Gehorsam offenbaren kann.

Die dämonischen Visionen hingegen rühren vom Vater des Stolzes her, und bewirken eitles Getue und große Selbstgefälligkeit. Der Hochmut schleicht sich immer mehr ein und der Gehorsam gegenüber den katholischen Priestern und Seelenführern lässt immer mehr nach. Das Ego stolziert voran und ohne die Genehmigung des Priesters abzuwarten, erzählt ein solcher Visionär gerne überall von seinen »wunderbaren« Erlebnissen. Die Demut macht dem Hochmut immer mehr Platz, wie einst bei Luzifer, den sein Hochmut zum tiefen Fall und Sturz gebracht hat. Wenn also schon während oder direkt nach dieser Vision sich beim Seher eine gewisse Selbstgefälligkeit bemerkbar macht, ist damit ein Anzeichen für eine falsche Vision gegeben.

Diese falschen dunklen Visionen führen in der Folge regelmäßig dazu, dass der Visionär oder die Visionärin immer eitler, selbstgefälliger und leider auch immer ungehorsamer gegenüber den katholischen Priestern wird, die ihm oder ihr als Beichtvater oder Seelenführer zur Seite stehen wollen. Der vermeintliche »Visionär« wird beständig reizbarer, ungeduldiger und aggressiver gegen die Personen in seinem Umfeld. Der äußere Schein für ein geistliches, vorbildhaftes Leben wird zwar beibehalten, aber gerade dadurch täuscht sich der Seher quasi selbst und verharrt hartnäckig bei seinen eigenen Wahnvorstellungen. Auf diese gefährliche Art und Weise lässt Satan seinen bösen Geist immer mehr auf diese arme und betrogene Person übergehen und führt sie damit Schritt für Schritt ins Verderben.

Auch wenn diese Visionen nun eindeutig vom bösen Geist stammen, so ist dieser böse Geist weiter sehr geschickt und leider auch weiter in der Lage, Wahres und Gutes mit

Falschem und Schlechtem zu vermengen, denn er will ja weiter angenommen werden, und deshalb bedarf es auch weiterhin »himmlischer Botschaften«. Er ist und bleibt der Vater der Lüge, und darin ist er Spezialist und eine Gefahr für viele Gläubige. Satan ist durchaus in der Lage, und das gilt für all diese Erscheinungen, die im Moment überall auf der Welt anscheinend immer mehr zunehmen, hinterlistig in der Gestalt eines Lichtengels zu erscheinen. *»Und kein Wunder, denn der Satan nimmt selbst die Gestalt eines Engels des Lichtes an.« (2 Kor 11,14)*. Er lehrt uns wahre Heilige Dinge, die den Lehren des Glaubens und der christlichen Moral angemessen scheinen. Doch dies tut er einzig und allein nur deshalb, um unter die vielen Wahrheiten auch falsche Lehren zu mischen, um uns damit zu hintergehen, wenn er uns dann mit den ursprünglichen Wahrheiten für sich gewonnen hat. Ganz ohne die göttliche Wahrheit aufzutreten ist ja auch für die falschen Propheten nicht möglich, weil es sonst viel zu einfach wäre, sie zu identifizieren.

Auch durch diese Ausführungen des berühmten Jesuiten und Mystikers J.B. Scaramelli kommen wir in der Differenzierung und Unterscheidung der Geister wieder einen großen Schritt weiter in Richtung Göttliche Wahrheit.

Falsches Prophetentum nach Wilhelm Laible

Immer wieder gibt es prägnante Auffälligkeiten, die auf ein falsches Prophetentum hinweisen. Hier fünf besonders wichtige Punkte, die helfen können, und die der katholische Priester und Schriftsteller Wilhelm Laible (1856–1953) als Maßstab der Identifizierung einmal festgelegt hat:

a. Die falschen Propheten bringen mehr als Gottes Wort. Sie fügen immer etwas aus eigenem Antrieb, nämlich ihre eigenen Träume und Visionen, hinzu. Die wahren Propheten bringen nur Gottes Wort. Ich verweise in diesem Zusammenhang auf die Heilige Bernadette Soubirous, die sich mit aller Kraft und Mühe bei den Erscheinungen von Lourdes an die Botschaften der Gottesmutter geklammert hat und nur diese Botschaften auch überbracht hat.
b. Sie lassen Christus in den Hintergrund treten, um sich selbst groß zu machen. Der falsche Prophet schiebt sich immer mehr in den Mittelpunkt vor. Es wird dann Personenkult betrieben statt Gottesverehrung. Wie waren damals die Apostel des Herrn entsetzt, wenn das Volk ihnen die Ehre geben wollte, statt dem Herrn.
c. Das Wort Gottes wird verfälscht. Sie haben einen ganz anderen Maßstab in Bezug auf die Sünden, halten einen Sündenfall oder Rückfall für nicht so schlimm und reden selbst von Bekehrung, ohne dass spürbar eigene tiefe Sündenerkenntnis und Buße vorausgegangen ist.
d. Auffällig ist immer wieder eine steigende Gereiztheit und negative aggressive Leidenschaft der falschen Propheten. Wer ihnen nicht glaubt und sie anzwei-

felt, wird beschimpft und ausgestoßen. Echtes Prophetentum richtet sich nach der Sanftheit und Demut von Jesus Christus, auch bei Widerspruch.

e. Und zuletzt: Dieser Wolf will die Schafe nur für sich haben. Falsches Prophetentum wirkt immer spaltend und zertrennend. Gottes Wort hat von Anfang an zwischen der Gemeinde und der Welt geschieden und getrennt. Die Worte der falschen Propheten scheiden die Christen und immer wieder ist eine offensichtliche Spaltung unter Gläubigen die Folge.

Soweit die Ausführungen von Wilhelm Laible.

Differenzierung der Geister nach Papst Benedikt XIV.

Bei der sehr wichtigen Prüfung der Erscheinungen und Visionen ist es sehr hilfreich, auch auf die zwölf Punkte der Unterscheidung der Geister von Papst Benedikt XIV. (1675–1758) zurückzugreifen, der aus Skripten von renommierten Theologen und Geisteslehrern folgende Kriterien aufgestellt hat.

Zu Beginn geht Papst Benedikt XIV. natürlich auf die Goldene Regel der Demut ein, die immer wieder bei allen, die sich mit Privatoffenbarungen beschäftigen, als die wichtigste Regel schlechthin, aufgegriffen wird. Diese bedingungslose Demut, die den Erscheinungen vorangeht, die bei den Erscheinungen immer wieder aufleuchtet, die nach den Visionen immer noch den Seher umgibt und das Markenzeichen seiner Person ist, diese tiefe Demut ist der Garant für die Echtheit der Visionen. Wo diese tiefste Demut nachlässt, sich in Arroganz und Hochmut verwandelt, da wird dieses Gebäude von Visionen und die Aura um den angeblich so begnadeten Seher immer mehr in sich zusammenbrechen, weil ohne Demut Gott nicht auffindbar ist. Der liebende Schöpfer aller Dinge und Kreaturen wird bei Stolz, Arroganz und Hochmut niemals beteiligt sein.

Nach dieser Goldenen Regel folgt für den Papst der erste Punkt der Prüfung, und zwar das Faktum, ob der oder die Begnadigte in seinem oder ihrem Leben jemals nach diesen Visionen und Erscheinungen gedrängt oder danach verlangt hat. Oder aber im Gegenteil diese Visionen vom Seher eher mit Gehorsam angenommen und als Gnadengeschenk in Dankbarkeit akzeptiert wurden. Denn ein Verlangen nach Visionen und Offenbarungen wäre wiederum das Zeichen von Hochmut und damit auch ein Zeichen von schwachem und unbeständigem Glauben.

Als zweiter wesentlicher Punkt gilt bei Benedikt XIV. die Frage, ob der Visionär von seinem Seelenführer immer wieder den Auftrag erhalten hat, seine Visionen an ihn und andere Gelehrte oder Priester mitzuteilen. Ist er bereit, seine »Schauungen« an wichtige Personen zur Prüfung weiterzugeben?

Damit im direkten Zusammenhang steht natürlich der unbedingte Gehorsam gegenüber den Seelenführern und Beichtvätern, um in der Demut zu wachsen und den Egoismus auszutreiben.

Ein weiterer, ganz wichtiger Punkt ist das Verhalten des Sehers gegenüber den Menschen, die an ihm zweifeln oder ihm nicht glauben, was er da sieht. Zeigt sich der Visionär auch darin in göttlicher Liebe, indem er diese Menschen, die ihm nicht trauen und ihm nicht glauben, die ihm damit Trübsal und Ärger bereiten, umso mehr liebt und achtet?

Ist die Seele des Propheten in der Zeit vor und nach den Schauungen von himmlischer Zufriedenheit und sein Herz von Eifer nach Gott und nach eigener Vollkommenheit erfüllt?

Hört der Seher auf die Worte seines Beichtvaters und Seelenführers über seine Unvollkommenheiten und nimmt sie dankbar an? Oder ist der eigene Wille und die eigene Sicht der Dinge wichtiger als die warnenden Worte eines katholischen Priesters?

Des Weiteren weist der Papst darauf hin, dass es wichtig ist zu beobachten, ob die Menschen aus dem Umfeld des Sehers und die, die mit ihm und den Visionen in Berührung kommen, danach von tiefer Gottesliebe und Gottesfurcht erfüllt werden? Werden Sie durch diese Schauungen Gott und dem Himmel nähergebracht?

Sind die Schauungen und Visionen nach langem und erfülltem Gebet und einer intensiven Sehnsucht nach Gott erfolgt oder eventuell nach der Heiligen Kommunion? Oder waren sie eher einem menschlichen Zeitplan gemäß irgendwann fällig?

Nimmt der Seher das eigene Leiden mit Liebe und Dankbarkeit an und freut sich in Gott und verbunden mit dem

Kreuzesopfer des göttlichen Sohnes über Widersprüche und Angriffe gegen seine Person? Oder reagiert er mit Aggressionen, Drohungen und Beleidigungen gegen die Menschen, die ihn nicht als Sprachrohr Gottes akzeptieren?

Hat dieser »Seher« in der Zeit der »Offenbarungen« die Einsamkeit geliebt, hat sich nur Gott zugewandt, und versucht Menschenansammlungen zu meiden, um mit seinem Schöpfer alleine zu sein? Oder hat er im Gegensatz dazu versucht, sich in den Mittelpunkt des Interesses zu stellen, »kluge Weisheiten« von sich zu geben und seine eigene menschliche Größe hervorzuheben?

Hat der Visionär in Glück und Unglück, in hellen und dunklen Zeiten immer eine gottwohlgefällige Gemütsruhe bewahrt und ausgestrahlt, mit einer Liebe allen Menschen gegenüber, um damit zu zeigen, dass Gott alleine wichtig ist und nur Gott alleine Dankbarkeit gebührt für diese Visionen des Himmels?

Diese aufgeführten Kriterien des Papstes können sehr helfen, der Wahrheit um die Propheten und Seher näher zu kommen. Sie helfen auf jeden Fall, etwas vorsichtiger und objektiver an die vermeintlichen Himmelserscheinungen heranzugehen.

Je mehr davon und je vollständiger sie im Leben einer begnadeten Person sich herauskristallisieren, umso wahrscheinlicher handelt es sich dann tatsächlich um eine Vision des Himmels und um eine wahre, von Gott inszenierte Privatoffenbarung.

Nur im Wort Gottes alleine ist die himmlische Kraft wider alle Finsternis und den dunklen Verführungsmächten.

»Aber meine Schafe hören meine Stimme. Einem Fremden folgen sie nicht nach, sondern fliehen vor ihm, denn sie kennen der Fremden Stimme nicht.« (Joh 10,5.27)

Thomas von Aquin und die Unterscheidung der Propheten

Auch der Heilige Thomas von Aquin hat sich theologische Gedanken zur Unterscheidung der Propheten gemacht. Bei einer Predigt an der Universität von Paris im Jahre 1269 äußerte er sich dazu sehr konkret.

Laut Thomas sollte man sich auf die Zielrichtung der vermeintlichen Propheten konzentrieren und in Ruhe prüfen, ob der »Seher« wirklich das Heil der Adressaten und Empfänger im Sinn hat, oder ob es ihm vielmehr um seine eigene Reputation und seine eigene Stellung geht, vielleicht sogar um materiellen Gewinn.

Das nächste Kriterium des Aquinaten ist die Inspiration, die den Visionen beziehungsweise Offenbarungen zugrunde liegt. Der Inhalt einer geoffenbarten »Lehre« kann wahrhaftig sein, und trotzdem keinen göttlichen Ursprung haben. Wenn diese wahrhaftigen Aussagen dann noch mit »Wahrsagerei« ausgeschmückt werden, ist dies mit dämonischer Unterstützung durchaus möglich und kann die Empfänger dadurch täuschen. Thomas bezeichnet dies knallhart als Götzendienst.

Auch die Intention, die Absicht des Sehers oder Propheten, kann von Grund auf verkehrt sein. Laut dem 1. Korintherbrief kann die Zielsetzung von Gott eingesetzter Propheten nur »Erbauung«, »Mahnung« und »Tröstung« sein. Das gläubige Vertrauen und die Liebe zu Gott sollten durch diese Prophezeiungen immer gestärkt und aufgebaut werden. Gerade in Zeiten der Trübsal sollten die Worte eines Propheten aufbauend sein und nicht das Negative noch verstärken.

Thomas verweist in diesem Zusammenhang auch auf den Heiligen Hieronymus, der die »Propheten« anklagte, die entweder auf materiellen Gewinn ausgerichtet waren oder aber auf eigene Reputation oder ihr eigenes Selbstlob und die Hervorhebung ihrer eigenen Person. Denn hier gerät die schon so oft erwähnte Demut ins Hintertreffen.

Und so gibt der Aquinat zu bedenken: Wie verändert sich die Verhaltensweise des Sehers, wenn es Widerstände und Widerspruch gibt? Wie verhält er sich, wenn Menschen ihm nicht folgen und ihm und seinen »Visionen« nicht mehr glauben?«

Verhält es sich dann aggressiv und ausgrenzend diesen Personen gegenüber, oder erträgt er diese Negativsituation auch diesen Menschen gegenüber eher mit viel Liebe, und zeichnet sich weiter durch Liebenswürdigkeit, Geduld und Demut aus?

Hier ist der Bezug zu den Seligpreisungen des Herrn erkennbar, denn »Selig, die Verfolgung leiden!« und in dieser Verfolgung und Bedrängnis weiterhin Liebe, Armut und Sanftmut beweisen. Da zeigt sich der wahre Prophet in der bedingungslosen Nachfolge Christi.

Und auch in Bezug auf die vermeintlichen Seher und Visionäre und ihre Anhänger gibt es einen sehr bemerkenswerten Satz des Heiligen Thomas von Aquin: »*Die größte Wohltat, die man einem Menschen erweisen kann, besteht darin, dass man ihn vom Irrtum zur Wahrheit führt!*«

Ich denke, dass dieser kurze Einblick in die Gedanken des Heiligen Thomas nochmal sehr intensiv die gesamte Problematik zusammengefasst hat. Es gibt und gab sie immer wieder in der langen Kirchengeschichte, die wahren und die falschen Propheten und es wird sie weiterhin geben in Zukunft. Aber was brauchen wir überhaupt für unser Seelenheil und das Seelenheil der uns anvertrauten Menschen?

Die Wahrheit

Gott ist die unendliche Wahrheit allen Lebens, indem er Ewigkeit, Allmacht, Barmherzigkeit und Gerechtigkeit ist. Er ist der göttliche Grund der Wahrheit aller Dinge, die an seiner Wahrheit in irgendeiner Form teilhaben. Und Christus, sein Sohn, der Logos, ist das vollkommene Ebenbild seines göttlichen Vaters.

»Ich bin der Weg, die Wahrheit und das Leben!« Dieser zentrale Glaubenssatz unseres Herrn und Erlösers Jesu Christi beinhaltet alles, was unseren Glauben an ihn ausmacht. Er ist die einzige Wahrheit, und absolut unanfechtbar. Jesus Christus, unsere Erlösung, ist das Wort Gottes, er kann nicht lügen und verkörpert die unendliche Wahrheit seines Vaters. Somit sind alle Kundgebungen Gottes beziehungsweise öffentliche oder private Offenbarungen, die den Schöpfer als Ausgangspunkt haben, in der absoluten fehlerlosen Wahrheit begründet. Denn sonst wäre Gott nicht Gott, und der Sohn nicht Abglanz des Vaters.

Bei uns menschlichen Geschöpfen ist das Handeln durch Erkennen, Reden und Tun sehr begrenzt und oft fehlerhaft. Daraus resultieren Untreue, Irrtümer und vor allem die Lüge. Aber unser Herr Jesus Christus hat das Reich des Teufels besiegt und wird den Vater der Lüge immer wieder besiegen. Wie kraftvoll und sehr energisch hat er immer wieder die Verlogenheit und die Heuchelei der Pharisäer getadelt (Lk 12,1) und vor falschen Propheten gewarnt (Mt 7,15) und ist für die Wahrheit bis zum Tod am Kreuz, bis zum letzten Atemzug, eingetreten.

Diese Wahrheit und der Begriff der Wahrheit ist auch Teil des Dekalogs, der Zehn Gebote und zwar des achten Gebotes. »Du sollst kein falsches Zeugnis abgeben wider Deinem Nächsten«; das sogenannte Lügenverbot. Christus ist die Wahrheit, die uns der göttliche Vater aus Liebe gesandt hat, nur die Wahrheit hilft weiter, das galt schon im Alten Testament, als sein Kommen angekündigt war. Wahrheit ist göttliches Urprinzip, und Verfälschung der Wahrheit oder Lügen ist ein Verstoß gegen göttliche Prinzipien.

Nur mit der Wahrheit wandeln wir auf göttlichen Pfaden und handeln dann im Sinne unseres uns so liebenden Gottes.

Die schlimmste aller Lügen ist nach dem Buch der Psalmen 5,7 die Häresie, die nicht nur Gottes absolute Wahrheit verleugnet, sondern auch den Tod vieler Seelen verursacht. Unter Häresie versteht man, kurz zusammengefasst, eine Irrlehre, einen Irrglauben beziehungsweise eine von der Heiligen Katholischen Kirche und damit der göttlichen Wahrheit abweichende Lehre. Auf diese Gefahr wird schon im Alten Testament eindringlich hingewiesen.

Gerade bei den Propheten oder Sehern unserer Tage und Zeiten, muss die absolute Wahrheit in allem, was sie verkünden oder sagen, garantiert sein. Die Wahrheit ihrer Worte muss immer Grundlage ihrer Wirkung auf die Menschen sein, ob innerhalb der von ihnen verkündeten Botschaften oder Prophezeiungen, oder aber in dem, was sie zusätzlich in den Gesprächen mit ihren Mitmenschen von sich geben. Dort dürfen sich nichts Unwahres oder Falschaussagen oder Lügen einschleichen, weil sonst das ganze Gerüst um ihre Glaubwürdigkeit zusammenbricht. Ein Seher oder Prophet, der lügt oder unwahres behauptet, kann kein himmlischer Mittler sein, weil Gott in seinem Sohn Jesus Christus die Wahrheit schlechthin ist. Da haben Unwahrheiten keinen Platz.

Denn wie schon gesagt, Gott ist die absolute unveränderliche Wahrheit zu allen Zeiten gewesen und wird es auch in alle Ewigkeit sein. Halbwahrheiten und Fehler und Unzulänglichkeiten können nicht göttlichen Ursprungs sein. Prophezeiungen, die dann doch nicht eintreffen, kann es nicht geben, denn Gott irrt nicht. Wenn auch neunzig Prozent aller Botschaften himmlisch und göttlichen Ursprungs erscheinen und zehn Prozent erweisen sich im Nachhinein als falsch oder fehlerhaft, dann wäre Gott unvollkommen und das ist mit seiner absoluten ewigen Macht und Wahrheit nicht vereinbar.

Gehorsam

Eine weitere, äußerst wichtige Tugend ist der Gehorsam, der bedingungslose Gehorsam der kirchlichen Obrigkeit und ihren Weisungen gegenüber. Gerade bei den Mystikern oder Propheten oder Visionären zeigt sich ihre Demut gegenüber Gott dann auch im strikten Gehorsam ihrem Beichtvater, Seelenführer oder sonstigen kirchlichen Würdenträgern gegenüber. Auch wenn es ihnen vielleicht aus ihrem Ego heraus widerstrebt, bestimmten Anweisungen zu folgen und sie anzunehmen, ist der Gehorsam im Sinne Gottes und ihm wohlgefällig. So wie unser Herr und Erlöser Jesus Christus in bedingungslosem Gehorsam dem Willen seines göttlichen Vaters entsprechend, dessen Willen bis zum Tod am Kreuz ausführte, so ist uns allen dieser Gehorsam empfohlen, wenn wir von kirchlichen Amtsträgern Weisungen erhalten. »Jesus Christus war gehorsam bis zum Tod, bis zum Tod am Kreuz« (Phil 2,8)

Dieser Gehorsam, diese Unterordnung, gilt für alle Menschen. Auch der menschliche Leib hat der Seele zu gehorchen, denn die Seele stammt von Gott und nur so vermag der Mensch überhaupt die göttliche Ordnung und den Willen Gottes über sein Gewissen zu erkennen. Der Gehorchende ahmt dabei die Demut von Gottes Sohn nach und seinem Gehorsam bis zu seinem Kreuzesopfer und seinem Tod am Kreuz. »Vater, nicht mein, sondern Dein Wille geschehe!«

Wie der Heilige Thomas von Aquin es auf wunderbare Art und Weise ausdrückt, ist der Gehorsam die angemessene Antwort des Menschen, der von Natur und aus Gnade herrührend, ein Diener Gottes ist und bleibt. Der Weg des menschlichen Geschöpfes ist der Weg desjenigen, der sich immer klar machen muss, dass er von Gott abhängig ist, wenn er seine Ziele erreichen möchte. Dieser Mensch als Gottes Geschöpf sollte den Vorrang des Schöpfers in seinem Innersten immer spüren, und auf die von der göttlichen Vorsehung festgelegte Ordnung vertrauen. Indem dieser Mensch Gott und seinen

Stellvertretern auf Erden demütig gehorcht, tritt er in die Freiheit der Kinder Gottes ein. Diese Kinder Gottes lassen sich dann auch von der göttlichen Liebe leiten und nicht von ihren eigenen Wünschen und Begierden, die oft sehr leicht fehlgeleitet werden können. Den eigenen Willen aufopfern, um den göttlichen Willen damit zu vollziehen, das ist hier der Weg, den es für uns alle einzuschlagen gilt.

Unser geliebter Herr und Erlöser Jesus Christus hat uns den göttlichen Königsweg des Gehorsams vorgestellt, der von den großen Heiligen und Mystikern stets beschritten wurde. Beispiele hierfür sind der Heilige Völkerapostel Paulus in seinen zahlreichen Briefen, der Heilige Benedikt in seiner Heiligen Regel, die Wüsten- und Kirchenväter der frühchristlichen Zeiten, Thomas von Kempen in seiner berühmten *Nachfolge Christi,* Theresia vom Kinde Jesu oder der Heilige Johannes vom Kreuz, um nur einige spezielle Beispiele zu nennen.

Und dieser Gehorsam sollte sich natürlich auch bei den »Sehern« und »Visionären« zeigen, die in dieser Zeit der privaten Offenbarungen beweisen können, ob die Demut stark genug ist, um sich weiterhin der Kirche unterzuordnen und den Anweisungen der involvierten katholischen Priester Folge zu leisten. Positive Beispiele hierfür sind zum Beispiel die Seherkinder von Fatima, La Salette und Banneux. Wahre Propheten und echte Mystiker werden immer in tiefer Ehrfurcht vom katholischen Priestertum sprechen und bedingungslos gehorchen, auch wenn sie persönliche Bedenken haben und sie womöglich anderer Meinung sind.

Natürlich verweise ich hier auch nochmal auf die Heilige Bernadette Soubirous, die diesen Gehorsam der »schönen Frau« gegenüber bedingungslos praktizierte, wie auch den Weisungen des katholischen Geistlichen von Lourdes, Pfarrer Dominique Peyramale, ohne Wenn und Aber Folge leistete. In diesem Moment das eigene Ego in Demut im Hintergrund lassen, das zeugt von wirklicher geistiger Größe und Glaubhaftigkeit.

Wenn ein Mystiker oder Charismatiker himmlische Botschaften verkündet, besteht keinerlei Gehorsamspflicht. Wenn es eine wirklich echte Verkündigung des Himmels ist, dann ist es sinnvoll, sie zu befolgen. Aber jeder Gläubige ist frei, auch nein zu sagen. Er ist auch frei, zu den anerkannten Wundern bzw. Botschaften von Lourdes, Fatima oder Banneux nein zu sagen. Die Kirche verpflichtet nicht zu glauben, auch wenn sie als Institution diese Wallfahrtsorte anerkannt hat.

Ähnlich sieht es bei den vermeintlichen Charismatikern und Propheten aus. Auffällig ist es aber, dass die falschen Propheten diese Freiheit, dass man sie und ihre Visionen anzweifelt, überhaupt nicht akzeptieren können. Dann werden sie aggressiv, und fordern bedingungslosen Gehorsam und Nachfolge. Nach dem Motto »Wer nicht für mich ist, ist gegen mich!« und sie fordern dann auch meistens dazu auf, den »gesegneten Ort« nicht mehr zu betreten.

In einer kirchlichen Gemeinschaft stehen alle, welche Aufgabe sie auch wahrnehmen, unter dem Wort Gottes. Dabei ist jeder Einzelne in dieser Communio gefordert, im Sinne der Wahrhaftigkeit und göttlichen Gerechtigkeit, auch für ihn persönlich vielleicht schmerzhafte Entscheidungen in Demut zu ertragen.

Der Gehorsam gegenüber der Heiligen Katholischen Kirche ist unser aller Sicherheitsnetz. Gehorsam und Demut sind die fruchtbaren Zeichen von Mystik, die sich nur dann offenbaren, wenn das vorliegende Charisma sich bedingungslos der kirchlichen Hierarchie unterstellt.

Dazu noch diese sehr bemerkenswerten Passagen des Heiligen Franz von Sales zum Thema Gehorsam: *»Alles ist gesichert im Gehorsam, alles ist verdächtig, was außerhalb des Gehorsams geschieht. Wer sagt, er habe Eingebungen und sich weigert, den Vorgesetzten zu gehorchen und deren Ratschläge zu befolgen, der ist ein Betrüger. Alle Propheten und Prediger, die von Gott erleuchtet waren, haben immer die Kirche geliebt, immer ihrer Lehre angehangen. … Daher sind die außergewöhnlichen Sendungen teuflische Illusionen und nicht himmlische Einsprechungen, wenn sie nicht von den Hirten, die die kirchliche Sendung haben, anerkannt und gutgeheißen sind.«*

Angst oder Liebe

Bei all den Erscheinungen und ihren Auswirkungen auf die Gläubigen scheint es mir wichtig zu sein, nochmal klar und deutlich daran zu erinnern, dass wir einen liebenden Schöpfer und Gott haben, dessen Liebe zu uns wahrlich grenzenlos ist. Er will uns Liebe schenken und nicht Angst einflößen, er, der uns immer und immer wieder in der Heiligen Schrift auffordert und ermahnt, keine Angst zu haben. »Fürchtet Euch nicht und habt keine Angst!«, wie oft finden wir in der Heiligen Schrift diese Aufforderung.

Sehr eindringlich beschreibt dies Kapitel 1 des Johannesevangeliums (Joh 4,18): *»Furcht gibt es in der Liebe nicht, sondern die vollkommene Liebe vertreibt die Furcht. Denn die Furcht rechnet mit Strafe, und wer sich fürchtet, dessen Liebe ist nicht vollendet.«*

Und so zeichnen sich viele falsche Propheten dadurch aus, dass bei Ihnen nicht Glaube und Liebe in Mittelpunkt ihrer »Offenbarungen« stehen, sondern Furcht und Angst und drohende Katastrophen.

Aber Gott ist die absolute bedingungslose Liebe, Furchtszenarien und Angst gehört leider zum Repertoire des Teufels. Unser allmächtiger liebender Schöpfer würde niemals seine geliebten menschlichen Geschöpfe durch Angst und Furcht an sich binden, und damit ihre Freiheit untergraben. Furchtszenarien, Drohgebärden und Angstbotschaften widersprechen diesem Prinzip der Göttlichen Liebe zutiefst. Sehr bemerkenswert sind in diesem Zusammenhang die Worte des Heiligen Pater Pio von Pietrelcina (1887–1968), der dazu einmal feststellte: »Wenn Prophezeiungen von Menschen kommen, drohen sie lediglich Strafgerichte an. Wenn eine Prophezeiung von Gott kommt, spricht sie nur von Liebe und Erbarmen.«

Um Missverständnissen in diesem Bereich vorzubeugen, natürlich sind die Prophezeiungen von Fatima z.B. in gewisser Weise auch Drohbotschaften und kündigen schreckliche Ereignisse an, aber dies alles unter dem göttlichen Deckmantel des Erbarmens und der Liebe. Die göttliche Gerechtigkeit ist notwendig, wenn die göttliche Liebe und Barmherzigkeit zurückgewiesen wird. Die Botschaften von Fatima waren und sind ein Geschenk des Himmels, eine Offenbarung der göttlichen Liebe und nur wenn diese Liebe zurückgewiesen wird, dann könnten negative Konsequenzen möglich sein. Doch die Menschen haben es selber in der Hand, durch Gebete und Buße darauf einzuwirken, denn Gott schränkt ihre Freiheit nicht ein. Die ist Teil der göttlichen Barmherzigkeit.

Gott unser Schöpfer ist und bleibt ein Gott des Lebens und der Liebe. Er will für jede von ihm geschaffene Menschenseele das Ewige Heil mit der Teilhabe an seiner himmlischen Herrlichkeit. Aber er überlässt uns seinen Wunsch nach unserem Seelenheil in Freiheit und ohne Zwang von seiner Seite aus. Er will uns keine Angst einflößen, um uns damit zu beeinflussen; er schenkt Liebe und Freiheit und erwartet von uns eine freie Entscheidung aus Liebe. Das ist sein göttliches Prinzip, denn er hat »keinen Gefallen am Tod des Sünders« (Jes 42,3).

Wenn uns diverse Propheten dazu aufrufen, wegen der bevorstehenden Katastrophen Lebensmittel zu bunkern, Vorräte in Massen anzulegen und im Ernstfall Niemandem Zutritt ins eigene Haus zu geben, dann hat das wenig mit Liebe beziehungsweise Nächstenliebe zu tun. Das zeugt von purem Egoismus und Angst um das eigene materielle Wohl und Leben. Wo bleibt da die Sorge um die eigene Seele und das ewige Leben mit unserem Schöpfer?

Oder wie es unser Herr und Erlöser in Mt 6,25–33 so treffend formuliert: *»Sorgt Euch nicht um euer Leben, und darum, dass ihr etwas zu essen habt noch um euren Leib und darum, dass ihr etwas zum Anziehen habt. Ist nicht das Leben wichtiger als die Kleidung? Seht euch die Vögel des Himmels an: Sie säen nicht, sie ernten nicht und sammeln keine Vorräte in Scheunen; euer himmlischer Vater ernährt sie. Seid ihr nicht viel mehr wert als sie?«*

Auch hier zeigt sich bei den Worten unseres geliebten Herrn, dass Angst ein schlechter Ratgeber ist und bleibt. Bedingungsloses Gottvertrauen und Liebe scheinen da die bessere und einzige Gegenoption zu sein. Wenn wir dem ersten Gebot gemäß Gott bedingungslos lieben, dann werden wir auch keine Angst vor dem Tod und einem irdischen Ende haben. Denn nur der Tod öffnet uns endlich das Tor zu dieser von uns allen ersehnten göttlichen Liebe für alle Ewigkeit. Es kann nicht im Sinne unseres Herrn und Gottes sein, überall Angst zu verbreiten und überall nur das Böse und Schlechte zu sehen. Wenn wir uns immer nur ängstlich und voller Furcht auf das Negative in dieser nun mal noch nicht vollendeten Schöpfung fokussieren, lassen wir die Liebe Gottes vollkommen außer Acht und verletzen Gott damit sehr.

Also lassen wir uns nicht immer und immer wieder so negativ beeinflussen und vertrauen wir uns im Gegensatz zu so vielen falschen Propheten bedingungslos unserem Herrn und Gott an, in Liebe und Vertrauen wie ein kleines Kind.

Dann werden wir merken und spüren, wie großartig sich diese väterliche Liebe im Gegenzug auf unser Leben auswirken wird.

Die Marienerscheinungen von Lourdes 1858

Schauen wir uns nach diesen theologischen Erörterungen nun einmal genauer an, was damals 1858 bei dem kirchlich anerkannten und von Millionen von Pilgern in aller Welt besuchten Wallfahrtsort Lourdes in den südfranzösischen Pyrenäen geschehen ist, denn auch da begann es im Februar 1858 eigentlich mit einer Privatoffenbarung..

Im Jahre 1858 lebte die verarmte Familie Soubirous in Lourdes im sogenannten Cachot, einer ehemaligen Gefängniszelle. Am 11. Februar gehen die 14jährige Bernadette Soubirous, ihre Schwester Antoinette und ihre Freundin Jeanne für ihre Familien Holz suchen. Genau dort, wo ein Kanal in den Fluß Gave fließt, liegt auf der gegenüberliegenden Seite die sogenannte Grotte von Massabielle. Hinter diesem speziellen Namen » Massabielle« verbirgt sich die alte okzitanische Bezeichnung *massa vielha,* was eigentlich »alter Felsen« bedeutet. Der wilde Rosenstrauch in dieser Felsnische von Massabielle bewegt sich leicht wie im Wind. Und plötzlich taucht in der Felsvertiefung ein kleines Licht auf, was immer heller und strahlender wird. In diesem Licht werden, nur für Bernadette, auf einmal die Konturen einer jungen wunderschönen Frau sichtbar.

Bernadette Soubirous schildert das wie folgt: » Ich sah eine weiß gekleidete wunderschöne Dame; sie trug ein weißes Kleid, einen weißen Schleier, einen blauen Gürtel, und auf jedem Fuß leuchtete eine gelbe Rose von derselben Farbe wie die Kette ihres Rosenkranzes, den sie in den Händen hielt. Die Perlen dieses Rosenkranzes waren weiß.«

Bernadette betete an diesem ersten Erscheinungstag diesen Rosenkranz mit der schönen Dame, bevor diese plötzlich wieder entschwandt. Auf diese Erscheinung folgten dann bis zum 16.07.1858 noch 17 weitere Erscheinungen, die immer nur für die junge Bernadette Soubirous und nie für die Außenwelt sichtbar waren.

Ein Mädchen aus bettelarmem Elternhaus, Jahrgang 1844, kränklich, lernschwach, und ob ihrer materiellen und körperlichen Mängel verachtet, erfährt hier mit knapp vierzehn Jahren das Schlüsselerlebnis ihres kurzen irdischen Lebens. Und diese wunderschöne junge Dame gibt sich zuletzt auch noch als » Unbefleckte Empfängnis« zu erkennen. Und damit nimmt die wundervolle Geschichte um Bernadette Soubirous und der schönen Dame erst richtig ihren wunderbaren Lauf.

Für die junge Bernadette Soubirous ist mit der letzten Erscheinung der schönen Dame im Juli 1858 diese außergewöhnliche Geschichte zu Ende gegangen, und dieses einfache bescheidene Mädchen ist froh und dankbar dafür, dass sie wieder in den Hintergrund treten darf zurück in den Schatten ihres einfachen bescheidenen Lebens. Sie scheut den Rummel um ihre Person sehr, und will von dem Wirbel um ihre Person nichts mehr wissen.

Aber für den kleinen Ort Lourdes in den Bergen der Pyrenäen geht seine große Geschichte jetzt erst richtig los. Denn die Grotte von Massabielle, und das Quellwasser, was auf Wunsch der schönen Dame von Bernadette »entdeckt« wurde und seitdem Jahre 1858 ohne Pause fließt, entwickelt sich immer mehr im Laufe der Jahre zu einem Ort und Quell von himmlischen Gnaden.

»Die Grotte der Erscheinungen ist das Herz, das nie aufhört zu schlagen«, so trefflich hat es einmal der französische Schriftsteller Francois Mauriac erklärt. Unzählige Menschen berühren diesen Felsen, nicht weil er irgendeine magische Kraft hätte, sondern sie wollen damit vielmehr zum Ausdruck bringen: Gott ist dieser Fels, auf den wir uns immer stützen können.

»Er war eine kurze Zeit lang mein Himmel!«, sagte Bernadette selber über ihre Grotte und den Felsen von Massabielle.

So viele Menschen bzw. Pilger werden im Lauf der kommenden Jahre und Jahrzehnte auf unerklärliche Weise von den unterschiedlichsten Krankheiten und Leiden geheilt. Der Pilgerstrom nimmt immer mehr zu, und die Menschenmassen strömen auf den Erscheinungsort von Massabielle und Lourdes zu , wo das religiöse Leben wie von himmlischen Feuer neu entfacht wird, und Glaube, Gebet, Gottvertrauen und die Liebe zur Gottesmutter und ihrem göttlichen Sohn in unnachahmlicher Art und Weise praktiziert wird. So geht es bis zum heutigen Tage weiter, der Strom der Menschen hat niemals nachgelassen und Lourdes seine himmlische Anziehungskraft bis heute nicht verloren.

Die vielen Pilger oder auch die nur aus Neugier angereisten Besucher sind zu allererst von den vielen Kranken beeindruckt und von dem unsagbaren Leid, was hier von den vielen Kranken repräsentiert wird. Trotz der Verzweiflung über Krankheit, Leid und evtl. nahendem Tod fühlen sich die meisten Kranken und Behinderten wie in einem himmlischen Ort voll Frieden und Freude, einem Ort, indem auf unerklärliche Weise der Himmel die Erde zu berühren scheint. Denn trotz der vielen Heilungen scheint es hier vielmehr um die Heilungen der menschlichen Herzen zu gehen. Die Menschen versammeln sich an der Grotte der Erscheinungen, und immer wieder wird deutlich und sichtbar, wie einer den anderen aufmuntert durch ein Lächeln, eine freundliche Geste oder ein Gebet. Nicht zu vergessen die vielen ehrenamtlichen Helfer der Hospitalite Notre Dame de Lourdes, die aus allen Ländern der Erde anreisen, um sich hier in Lourdes unentgeltlich in den Dienst der Kranken und Behinderten zu stellen. Die Erscheinungen von Lourdes haben eine positive Wirkung, die nun seit fast 165 Jahren anhält: Lourdes ist ein Ort der göttlichen Liebe und der Versöhnung der Herzen geworden und das ist ein Geschenk des Himmels, der diese unsere Erde damit menschlicher und damit hoffnungsvoller für die Zukunft macht. » Ubi caritas et amor, Deus ibi est. « Wo die Güte und die Liebe wohnt, da ist Gott der Herr!«

Der Himmel hat sich das kleine und bescheidene Müllersmädchen Bernadette ausgesucht, um als Werkzeug zu fungieren, und damit in Lourdes die himmlischen Türen für die Menschen zu öffnen. Bernadette hat bereitwillig und folgsam diesen Auftrag ausgeführt, und sich damit auch ihr eigenes ewiges Glück im Himmel verdient. Bernadette Soubirous wurde dann ja auch am 08.12.1933 (dem Hochfest der unbefleckten Empfängnis) von Papst Pius XI. heiliggesprochen.

Demut und Bescheidenheit

Über Lourdes und eine auch diesem wunderbaren Wallfahrtsort zugrunde liegende Privatoffenbarung ein eigenes Kapitel zu schreiben, erschien mir wichtig, um im Umgang und der Prüfung von Privatoffenbarungen der heutigen Zeit klarer und logischer differenzieren bzw. urteilen zu können.

Von den bisher gemachten Ausführungen erscheint es mir wichtig, einen Punkt nochmal besonders hervorzuheben und gerade in Bezug auf die Seherin von Lourdes, näher zu erläutern: Die Demut (*humilitas*) als die zentrale christliche Tugend, die so schwer für uns Menschen zu akzeptieren ist. Aber gerade bei den Sehern und Visionären ist sie meiner Ansicht nach die Tugend und das Kennzeichen schlechthin, um festzustellen, wobei es sich bei dieser Vision handelt, um böse oder gute Geister.

Die Heilige Bernadette Soubirous von Lourdes, die für mich das klassische Beispiel einer Seherin und Visionärin ist, deren Demut, Bescheidenheit und Einfachheit alles in den Schatten stellt. Alle Visionäre und Propheten der heutigen Zeit sollte man mit Bernadette Soubirous und ihrem Verhalten bei den Erscheinungen in der Grotte von Lourdes vergleichen, denn diese Demut des kleinen Landmädchens aus den Pyrenäen war vom Himmel genauso gewollt und deshalb war Bernadette auserkoren, der Gottesmutter gegenüber zu treten. Sie hat niemals von der Gottesmutter Maria gesprochen, sondern nur von der »schönen Dame«, die in Massabielle auf sie warte. Sie hat mit ihren bescheidenen geistigen Mitteln, mit ihrer unterdurchschnittlichen Bildung und belastet durch ihre gesundheitlichen Probleme, einfach nur versucht, das zu behalten und auswendig zu lernen, was ihr die »schöne Dame« an der Grotte von Massabielle anvertraute. Sie hat sich immer nur an den Wortlaut gehalten und in Demut und tiefer Bescheidenheit auch nur das an den katholischen Priester Peyramale und die anderen Menschen weitergegeben.

Sie war von der himmlischen Erscheinung so beeindruckt und fasziniert, dass sie sich gegenüber der majestätischen Erscheinung dieser wunderschönen Dame gerne als einfache Vermittlerin dieser Botschaften zur Verfügung stellte, und mehr auch gar nicht wollte. Sie wollte ihr dienen und die Aufträge nur einfach und bescheiden ausführen. Gerade diese Einfachheit und Bescheidenheit, diese demütige Annahme aller himmlischen Aufträge, war ein Garant für die Echtheit der Erscheinungen von Lourdes, die ja auch von der Amtskirche relativ schnell und zügig bestätigt wurden.

Nach dem Ende der Erscheinungen der Gottesmutter 1858 in diesem kleinen Pyrenäenort nahe der spanischen Grenze wurde Bernadette Soubirous von den einflussreichen Bürgern von Lourdes und auch von der kirchlichen Obrigkeit mehrfach gebeten, in Lourdes zu bleiben und den vielen Pilgern dort zur Verfügung zu stehen. Sie hat dies von Anfang an konsequent abgelehnt, weil sie befürchtete, dass die Leute dann wegen ihr nach Lourdes kommen würden und nicht wegen der Gottesmutter. Und das wollte sie auf keinen Fall. Sie hat das in einem Gespräch einmal so erklärt: »Ich war ein ganz einfacher Besen, und dieser Besen wurde eine Zeit lang gebraucht. Als dann alles sauber war, kam ich wieder zurück in den Putzschrank, denn meine Arbeit hatte ich getan.«

Und dann hat diese wunderbare Heilige später Lourdes verlassen und ist ins Kloster von Nevers eingetreten, wo sie wiederum in tiefster Demut und Bescheidenheit, trotz schwerer fortschreitender Erkrankung, nur noch Gott diente, indem sie die mühseligsten und schwersten Arbeiten verrichtete.

Diese Demut und Bescheidenheit der kleinen Bernadette Soubirous lehnt sich, ohne dass es ihr im Leben bewusst war, an die tiefe Demut und Bescheidenheit der Gottesmutter an, die ihr ganzes Leben lang nur ihrem Sohn gedient hat, im Schatten ihres Sohnes gelebt hat und niemals in den Vordergrund rücken wollte. « Siehe ich bin die Magd des Herrn, mir geschehe nach Deinem Wort!« oder »Was er Euch sagt, das tut!« Die Demut Mariens ist vorbildhaft und einzigartig und muss auch für uns weiterhin der Maßstab aller Dinge sein.

Und dies sollte auch der Maßstab bei der Prüfung der vielen Privatoffenbarungen und Visionen sein, an dem wir den »Visionär« messen können. Weil hier auch die andere, dunkle Seite auf der Lauer liegt, denn Luzifer wird sich immer bemühen, Hochmut und Stolz als sein Markenzeichen, dem Visionär einzuflößen, um die von ihm verhasste Demut und Bescheidenheit gar nicht erst aufkommen zu lassen.

Der Heilige Pfarrer von Ars (1786–1859) betonte, dass die Liebe die Seele aller Tugenden sei, doch die Demut sei quasi der Kelch oder das Gefäß der Liebe, in dem die Liebe aufbewahrt wird. Diese Demut schafft die Rahmenbedingungen, um in Gott wohlgefälliger Art und Weise lieben zu können, und diese Liebe gibt auch die Kraft, sich zu verdemütigen oder aber Verdemütigungen durch andere aus Liebe zu ertragen.

Er hat das in folgender Form so vortrefflich formuliert: »*Was der Teufel am meisten fürchtet, ist die Demut. Die Demut ist die große Hilfe zur Gottesliebe, der Stolz das große Hindernis zur Heiligkeit. Der Stolz ist das Bindeglied in der Kette der Laster, die Demut das gemeinsame Band aller Tugenden. Ein Heiliger wurde einmal gefragt, welche die Erste unter den Tugenden sei. Er antwortete: »Die Demut!« Und die Zweite: »Die Demut!« Und welche die Dritte? Er antwortete wieder: »Die Demut!«* Soweit die Worte des Heiligen Pfarrers von Ars, der nur durch seine tiefe Demut den langen und sehr beschwerlichen Weg bis zur Priesterweihe absolvieren konnte. In diesem wunderbaren Priester mit all seinen menschlichen Schwachheiten und Unzulänglichkeiten verwirklichte sich damit auch das Wort des Herrn an Paulus: *»Meine Gnade genügt Dir, denn sie erweist ihre Kraft in der Schwachheit!«*

Solange dies in Demut anerkannt wird, dass alles Gnade ist und der Mensch ohne die göttliche Gnade nichts ist, solange kann der teuflische Hochmut und Stolz nicht eindringen. Die Demut ist ein starkes Bollwerk gegen die menschliche Überheblichkeit und die hochmütigen Einflüsterungen Satans.

Privatoffenbarungen und ihr oftmals dunkler Ursprung

Es gibt sie mittlerweile überall auf der Welt und sie schießen wie Pilze aus dem Boden. Die von der Kirche und der Politik und Welt enttäuschten und verunsicherten Menschen laufen diesen »Erscheinungen« und Privatoffenbarungen nur noch hinterher, ohne sie zu hinterfragen, weil sie sich davon Hilfe für ihr Leben erhoffen. Das muss einfach echt sein, denn Gott wird uns nicht im Stich lassen, und deshalb erscheint Jesus hier und dort, und die Gottesmutter erscheint da und da. Aber leider haben fast alle dieser Erscheinungen und Offenbarungen nüchtern betrachtet einen Pferdefuss, und der stammt nicht vom Himmel. Warum ist das so und was hat die Gegenseite des Himmels für einen Plan damit?

Zuallererst bitte ich die Leser dieses Büchleins, alle die Ihnen bekannten Privatoffenbarungen und die Ereignisse dort mit den Erscheinungen von Lourdes und dem demütigen Verhalten der Heiligen Bernadette Soubirous zu vergleichen. Sie werden bei jeder den meisten dieser Privatoffenbarungen große Unterschiede zu den Ereignissen von Lourdes rund um Bernadette Soubirous feststellen. Allein die Tatsache, wenn Seher ihre himmlischen Botschaften ohne kirchliche Prüfung oder Untersuchung ins Internet stellen, weil der Himmel es so will, ist der Punkt der Demut hier schon in Hochmut und Arroganz umgewandelt worden. Dies widerspricht jedem kirchlichen Geist denn die Kirche hat stets die Privatoffenbarungen einer intensiven Prüfung unterzogen und das ist richtig so. Aber warum, fragen sich viele Menschen, ist da noch eine Prüfung erforderlich, die Botschaften sind doch so toll und himmlisch, das ist doch mehr als eindeutig. Aber die Antwort ist ganz einfach, und mehr als offensichtlich. Unterschätze niemals den Teufel und seine Mitstreiter, denn Satan ist viel klüger und gerissener als die Mehrheit der gutgläubigen Menschen. Denn auch der böse Feind ist durchaus jederzeit in der Lage, als guter Lichtengel zu erscheinen und lobt das Gute und die kirchliche Tradition, um nicht enttarnt zu werden.

Vor allem die treuen Christen, die versuchen für Gott ein vollkommenes Leben zu führen, die sind extrem gefährdet und immer wieder den besonderen Angriffen Satans ausgesetzt. Die lauen Gläubigen und die nicht wirklich ihren Glauben praktizierenden Christen sind für ihn eigentlich schon Beute, um die braucht er sich nicht zu kümmern. Aber die wirklich eifrigen und treuen Diener Christi, die lassen ihn toben und wütend werden, und auf die stürzt er sich mit aller Macht, um sie vom Weg abzubringen. Dies muss man einfach wissen und sich vor Augen halten, um die derzeitige wirre Welt rund um die Privatoffenbarungen zu begreifen. Satan beobachtet und weiss natürlich zu genau, dass nur noch eine begrenzte Anzahl von Gläubigen regelmäßig zur Heiligen Beichte gehen, die Heilige Kommunion empfangen und den kompletten katholischen Glauben aus der frohen Botschaft unseres Herrn und Erlösers Jesus Christus annehmen und danach leben. Und die will er nun mit Hilfe dubioser Erscheinungen und Privatoffenbarungen frontal angreifen und vom Weg abbringen. Und dies muss er ganz subtil und hinterlistig angehen.

Denn der Glaube dieser treuen Christen ist felsenfest und sehr groß, denn diese Menschen sind trotz einer größtenteils atheistischen Umwelt so mutig, dass sie bereit sind, ihren Glauben auch unter Verleumdungen zu leben. Sie sind bereit, an alle die übernatürlichen Dinge zu glauben, die der ach so moderne und weltoffene Mensch nur belächelt. Sie sind absolut sicher, dass es Wunder, Erscheinungen und das direkte Eingreifen Gottes in diese unsere Welt geben kann und gibt.

Und diesen unerschütterlichen Glauben, kann Satan nicht einfach so entfernen und vernichten. Aber er ist durchaus in der Lage, diesen Glauben irgendwie zu verbiegen und ganz vorsichtig und kaum spürbar, von einem Gegenstand auf einen anderen Gegenstand zu lenken und zu dirigieren.

Der Teufel fördert damit quasi den Glauben weiterhin auf seine Art und Weise, aber mit einem ganz anderen neuen Ziel. Denn auf diese hinterlistige Art lässt er die Menschen weiterhin all das glauben, was die kirchliche Tradition beinhaltet. Denn würde er das nicht tun, wäre es viel zu offensichtlich und er würde sich damit als der Böse offenbaren.

Nein, er geht ganz anders vor , denn er lässt die kirchlichen Wahrheiten nicht mehr aus dem Mund der Kirche und seine heiligmäßigen Priestern verkünden, sondern aus dem Mund eines einfachen Menschen, also eines Sehers oder einer Seherin, die niemals von einem Bischof in irgendeiner Form bestätigt oder anerkannt wurden, sondern die einfach behaupten dürfen, sie hätten dies vom Himmel als persönliche Botschaft erhalten. Und damit hat er direkt und frontal die kirchlichen Autoritäten untergraben, die katholischen Priester in den Hintergrund gestellt, denn jetzt gilt jedes Wort des Sehers oder der Seherin als Wort Gottes und damit als viel mehr wert, als das Wort eines geweihten Priesters. Statt sich an die Lehren der katholischen Kirche und deren Autoritäten zu halten, hat der Seher jetzt eine übergeordnete Autorität erhalten, die die katholischen Priester in die hinteren Reihen verdrängt. Und wenn man sich einige dieser heutigen Wallfahrtsorte und deren Seher genauer anschaut, dann zeigt sich leider auch, wie bösartig manchmal von den Sehern und deren Anhängern mit katholischen Priestern umgegangen wird, die den Worten des vermeintlichen Sehers nicht glauben. Und auch verstorbene Priester sind davon nicht ausgenommen, die ihre Zweifel an der Echtheit der »Offenbarungen« hatten. Ein ganz perfider Schachzug, aber leider mit viel Erfolg belohnt.

Aber weiterhin erscheint der Teufel trotz dieser ganzen Geschehnisse wie ein Engel des Lichts, der weiterhin für die kirchliche Tradition und die katholische Lehre zu arbeiten scheint, und mit diesen »Erscheinungen« ständig seine

»übernatürlichen« Beweise liefert. Doch trotzdem wird irgendwann der Tag näher rücken, an dem sein Pferdefuß offensichtlich wird, auch für die botschaftsgläubige Anhängerschar des Sehers.

Ich verweise in diesem Zusammenhang auf den großen Visionär und Seelenführer Johannes vom Kreuz, der in seine Schriften wiederholt darauf hingewiesen hat, dass dem Teufel im Rahmen der göttlichen Ordnung erlaubt worden ist, echte Visionen nachzuäffen. Und das sollte man all diesen Visionen und Privatoffenbarungen überall auf der Welt ständig bedenken.

Denn der Plan Satans geht kontinuierlich weiter und er versucht nun mit Hilfe des Sehers den Glauben der »Gutgläubigen « zu stärken und zu steigern, aber nur, wenn es um sich dabei um die Äußerungen des Sehers handelt. Dieser neue Glaube ist jetzt von einer Privatperson abhängig geworden.

Er wird die »Sehergläubigen« jetzt immer mehr bestärken, sich noch intensiver mit diesen Offenbarungen zu beschäftigen und es vielleicht sogar schaffen, dass deren Botschaften häufiger studiert werden, als die Bibel. Visionen und Schauungen nehmen jetzt den ersten Platz ein, und werden lieber verinnerlicht, als die Heilige Schrift, der Katechismus oder die Kirchenväter. Und damit sind wir an einem ganz entscheidenden Punkt angelangt:: Die Anhänger der Privatoffenbarung rücken immer mehr von einem Glauben an die katholische Sache ab und und haben einen neuen Glauben an eine Person entwickelt .Und das ist ein ganz gefährlicher Punkt, der jetzt erreicht wird. Wenn Satan das geschafft hat, dass ein gläubiger Christ deshalb glaubt, weil der Seher das und das gesagt hat, dann ist die letzte und entscheidende Phase seines diabolischen Planes eingetroffen. Denn dieser Seher oder diese Seherin hat damit plötzlich die Autorität eines katholischen Priesters, Bischofs oder Papstes erlangt, und das ist sowohl ein dämonischer Schachzug, als auch ein dämonischer Triumph. Denn ab diesem Zeitpunkt kann der vermeintliche Seher auch mal etwas von sich geben, was nicht wirklich katholisch ist, man wird ihm trotzdem glauben. Was für ein raffinierter Hinterhalt und wieviel Menschen tappen nun in diese Privatoffenbarungsfalle.

Der oder die Seherin hat das oder das gesagt, also ist das vom Himmel und demzufolge richtig.

Die Menschen folgen nun diesem Seher, glauben jedem Wort und folgen ihm, wie einst dem Rattenfänger von Hameln.

Und jetzt sollten wir nochmal an die eindringlichen Worte unseres Herrn und Erlösers Jesus Christus denken, der vor diesen Botschaften und Erscheinungen gewarnt hat: »Denn es werden falsche Messiasse und falsche Propheten auftreten und große Zeichen und Wunder wirken, um -wenn möglich-selbst die Auserwählten in die Irre zu führen!« (Mk 13, 22)

Esoterik, die große Gefahr

Nun kommen wir zu einem Kapitel, das ich hinsichtlich der vielen Erscheinungsorte auf der ganzen Welt für enorm wichtig halte. Die Esoterik ist eine große Gefahrenquelle, die es aufzudecken gilt, weil Phänomene und »Erscheinungen« aus der Esoterik leicht für himmlische Erscheinungen gehalten werden können.

Aber was ist eigentlich Esoterik und was bedeutet sie?

Das aus dem Griechischen stammende Wort »Esoterik« bedeutet im ursprünglichen Sinne »okkultes Geheimwissen«, zu dem nur die »Eingeweihten« Zugang hatten. Heute versteht man unter Esoterik eine Palette von anti-christlichen Heilslehren, die vor allem mit der esoterischen Medizin und mit esoterischen Therapien ein neues positives sinnbringendes Lebensgefühl vermitteln sollen. Die Esoterik umfasst mittlerweile ein riesiges Spektrum, wozu unter anderem zählen:

Hinduismus, Buddhismus, Schamanismus, Spiritismus, Magie, Fetischismus, Hexerei, Umsessenheit, Besessenheit, Akupunktur, Ayurveda, Reinkarnationslehre, UFOs, FengShui, Geist- und Wunderheilung, Hellsehen, Hellhören und noch vieles andere mehr. Der Bereich der Esoterik hat sich gewaltig erweitert und ist natürlich auch marktbeherrschend und eine riesige Einnahmequelle geworden.

Fakt ist, dass dieser gesamte komplexe Bereich der Esoterik sich in keinster Weise mit einem Leben nach den Zehn Geboten Gottes oder der Bibel vereinbaren lassen. Die Esoterik ist heidnisch, anti-christlich und steht in einem absoluten Gegensatz zur Lehre des Evangeliums. Viele Menschen, die sich mit diversen Methoden der Esoterik befassen, werden deshalb auch oft seelisch und körperlich krank. Nach der göttlichen Offenbarung in der Heiligen Schrift steigt nicht der Mensch zu Gott herauf durch irgendwelche besonderen Techniken, sondern der Schöpfer neigt sich in Liebe zum Menschen herab durch sein Wort, was in der zweiten Göttlichen Person der Allerheiligsten Dreifaltigkeit Fleisch wurde. Genauso wenig lässt sich der Heilige Geist mit Tanz und Musik und Gruppendynamik herabzwingen, um dann Geistheilungen durchzuführen. Das ist gefährlicher Unsinn.

Der Apostel Paulus warnt sehr davor, die menschliche Hoffnung auf derart »kosmische Mächte« zu legen. »*Seht zu, dass Euch niemand betrügt durch Menschenweisheit und leeren Betrug, welche auf menschlicher Überlieferung und kosmischen Mächten beruhen und nicht auf CHRISTUS*« (Kol 2,8f.). Der Völkerapostel warnt vor den »kosmo-kratorae«, weil sie satanische Mächte sind (kosmos = Welt und kratos = Macht und Kraft). Denn der Fürst dieser unserer irdischen Welt ist auch der Fürst des Kosmos. Unser allmächtiger Gott untersagt uns jeglichen Kontakt mit Satan und seinem Heer der Dämonen. Denn nur durch seinen Sohn, unseren geliebten Herrn und Erlöser Jesus Christus, finden wir unser ewiges Glück und Heil, und nur durch Jesus Christus alleine finden wir den Zugang zur unsichtbaren Welt. »Keiner kommt zum Vater als nur durch Mich!« (Joh 14,6)

Zahlreiche esoterische Verfahren haben ihre Grundlage in weißer oder schwarzer Magie, die übermenschliche Fähigkeiten erwecken soll, und auch einsetzt, um geistige Wesen dienstbar zu machen. Diese geistigen Wesen sind aber immer Satan und seine Dämonen, die ständig den schwachen Menschen umlauern, um ihn bei guter Gelegenheit in die GOTTES-Ferne hinabzuziehen.

»*Niemand finde sich, der Wahrsagerei, Zeichendeuterei, Geheimkünste und Zauberei betreibt, niemand der Bannungen vornimmt, einen Totengeist oder Wahrsagegeist befragt oder Auskünfte bei den Toten sucht. Denn ein Gräuel für den Herrn ist ein Jeder, der solches tut.*« (Dtn 1,10)

Ganz entscheidend bei den heutigen Visionären und Propheten ist die Prüfung, ob es da in der Vorgeschichte ihres Lebens einen Bezug oder eine Verbindung zur Esoterik gab. Wenn diese Menschen sich irgendwann in ihrem Leben auf

Okkultismus bzw. Esoterik eingelassen haben, sich dann aber bekehrten und davon abwandten, ist die Wurzel des Übels weiterhin vorhanden. Und wenn sie dann plötzlich später von Visionen, Auditionen oder himmlischen Botschaften sprechen, dann kann man sicher sein, dass es sich dabei um ein esoterisches Überbleibsel handelt, das nur von einem erfahrenen Exorzisten geheilt werden kann. Denn auch der minimalste und kleinste Samen, den Satan und das Böse irgendwann gesät hat, ist in der Lage, auch viele Jahre später noch Unheil zu verursachen. Das Problematische daran ist, dass diese »bekehrten Seher« selbst davon überzeugt sind, dass sie jetzt durch den katholischen Glauben in absoluter Sicherheit seien, und deshalb ihre Gaben und Charismen nur himmlisch und von Gott geschenkt sein könnte. Ein fataler Irrtum mit noch mehr fatalen Folgen.

Hier gilt es bei vielen Propheten und Prophetinnen der heutigen Zeit anzusetzen und die Vorgeschichte ihres Lebens auf evtl. Verbindungen zur Esoterik zu überprüfen.

Und nun zu einigen Punkten und Feldern der Esoterik, die im Bereich von »Privatoffenbarungen« und Visionen verstärkt darauf hinweisen, dass es sich hier keineswegs um Botschaften des Himmels handelt.

Wiedergeburt/ Reinkarnation

Bei einem dieser Seher und Visionären von den von mir untersuchten Wallfahrstorten hat es wohl zu Beginn einer Erscheinungsserie eine Botschaft des Himmels bzw. der Gottesmutter gegeben, dass ein katholischer Priester aus dem Umfeld schon mehrfach gelebt habe und er es erst in seinem jetzigen Leben geschafft habe, durch seine Vorleben gereift, als katholischer Priester zu wirken.

Ab diesem Zeitpunkt hätte man theoretisch das Kapitel um diesen himmlischen Wallfahrtsort schon schließen können, denn die Vorstellung einer Reinkarnation und Wiedergeburt eines Menschen ist mit dem katholischen Glauben und der Einzigartigkeit einer von Gott aus Liebe erschaffenen Seele nicht vereinbar.

Die Vorstellung, dass sich die von Gott geschaffene Seele nach dem Tod in einen anderen Körper begibt, gehört ja zur Gedankenwelt des Hinduismus und Buddhismus, war aber auch im Abendland lange verbreitet. Bereits im 6. Jahrhundert nach Christus war die Reinkarnation auf der Tagesordnung des großen Konzils von Konstantinopel, wo sie dann im Jahre 533 nach Christus als Irrlehre und Ketzerei verworfen wurde. Es gibt keine Rückkehr nach dem Tod, denn der Mensch lebt und stirbt nur einmal, wie es die Heilige Schrift auch lehrt. »*Es ist dem Menschen bestimmt, e i n m a l zu sterben, und dann folgt das Gericht*« (Hebr 9,27). Es gibt nach dem Tod keine Möglichkeit mehr, eine Ablehnung Gottes und ein »Nein« zu ihm wieder rückgängig zu machen. Ja oder Nein zu ihm sind Entscheidungen für oder gegen die Ewigkeit. Entweder die Seligkeit der Vereinigung mit unserem liebenden Schöpfer, oder die Qual der ewigen Trennung von seiner allumfassenden Liebe; Himmel oder Hölle. Mit dem Tod ist das irdische Leben unwiderruflich beendet.

Die Lehre von der Reinkarnation oder Wiedergeburt, die den Menschen vorgaukelt, er könne sich höherentwickeln und in weiteren Leben alles wieder gut machen, ist eine üble Irrlehre.

Automatisches Schreiben

Sowohl im europäischen Ausland als auch in Deutschland gibt es Visionäre/ Seher, die ihre himmlischen Botschaften von Jesus oder der Mutter Gottes durch das sogenannte »automatische Schreiben« erhalten haben. Das muss man sich so vorstellen, dass der betroffene Visionär nur seinen Stift bzw. seinen Laptop in Vorbereitung haben muss, um dann auf Befehl von oben bzw. der inneren Stimme einfach loszuschreiben. Auf diese Art und Weise sind von den betroffenen Sehern schon dicke Bücher und Schriften entstanden, die alle von »jemandem« diktiert wurden.

Einer der Seher ist in seiner Jugend sogar schon in einer Fernsehshow bei RTL mit dieser »Gabe« des »automatischen Schreibens« aufgetreten, und hat damit die Tür zur Esoterik bzw. die Tür für die Unterwelt zum Eindringen in sein Leben geöffnet, und sie leider auch bis heute nicht verschlossen.

Dieses sogenannte »automatische Schreiben« ist eine hochgefährliche Angelegenheit, die ihre Wurzeln im Spiritismus hat. Beim automatischen Schreiben ruft eine Person, die als spirituelles Medium fungiert, Wesen aus einer anderen Welt, um die Kontrolle über ihre physischen Schreibfähigkeiten übernehmen. Sie empfängt dadurch Botschaften aus einer übernatürlichen Welt, über die sie sonst kein Wissen haben könnte. Es gibt aber keinen guten Geist oder Engel, der ein Medium vollständig in Besitz nehmen kann. Das können leider nur böse Geister.

Und auch die Katholische Kirche hat sich schon offiziell zum automatischen medialen Schreiben geäußert. Sie verweist in vielen kirchlichen Schreiben und Erklärungen darauf, dass Automatisches Schreiben, auch bekannt als Trance Schreiben, die vorübergehende Besitznahme durch Wesen aus einer anderen Welt ist. Es ist eine Form des Okkultismus oder Spiritismus und gehört zu den gleichen gefährlichen Praktiken wie die Verwendung von Tarotkarten, Weissagungen, Hexerei, Astrologie und Magie. Diese ganze Bandbreite okkulter Praktiken wird von der Katholischen Kirche aufs Schärfste verurteilt und davor gewarnt. Automatisches Schreiben war und wird nie Teil der mystischen Tradition der Heiligen Katholischen Kirche sein.

Ölziehen

Ein weiterer wichtiger Punkt in diesen ganzen esoterischen Problematiken ist das sogenannte »Ölziehen«, das bei einigen dieser Privatoffenbarungen und »Erscheinungsstätten«, angeblich vom Himmel gezielt empfohlen, von den Pilgern täglich genutzt werden soll. Olivenöl soll dabei von einem Priester exorziert und geweiht werden. Es soll während einer Hl. Messe in einer Lampe vor einer Heiligenstatue brennen. Morgens sollen die Pilger auf nüchternen Magen einen Esslöffel dieses Öls im Mund stillhalten und dabei beten. Anschließend soll dieses Öl in ein Glas gefüllt, aber nicht geschluckt werden. Täglich soll dann später der Inhalt des Glases in die Erde geschüttet werden. Bei einer ähnlichen Prozedur abends darf man das Öl dann wohl auch schlucken.

Hierbei handelt es sich, wie immer nur laut meiner subjektiven persönlichen Meinung, schlicht und einfach um das esoterische »Ölziehen«, das sich in diesen Kreisen immer größerer Beliebtheit erfreut und dem magische Heil- und Genesungskräfte zugeschrieben werden. Unterschiedliche Ölsorten sollen unterschiedliche Frequenzen und Schwingungen für den menschlichen Körper erzeugen, und damit erkrankte Körperregionen stimulieren und gesunden lassen. Dies ist eine klassische Form der indischen Gesundheitslehre Ayurveda und soll den Körper entgiften. Diese und andere Gesundheitsregeln des Ayurveda (»Wissen über ein langes Leben«) leiten sich aus den Irrlehren des Hinduismus her und agieren damit gegen die katholische Lehre und frohe Botschaft unseres Herrn und Erlösers Jesus Christus. Es bleibt rätselhaft, warum solche Praktiken von sovielen Pilgern an diesen »Offenbarungsstätten« ohne Nachzudenken einfach durchgeführt werden.

Denn exorziertes und von einem Priester geweihtes Öl nach Abschluss dieser Ölprozedur in die Erde schütten, kann nicht im Sinne Jesu Christi sein. Genauso wie man beim Empfang der Heiligen Kommunion vermeiden sollte, dass Partikel der Hostie auf den Boden gelangen, genauso ist es nicht gut, wenn exorziertes Öl im Erdboden verschwindet. Das ist alles äußerst bedenklich, aber logisch in dem von mir schon oben erwähntem Zusammenhang, dass es der Seher oder die Seherin nunmal so vorgemacht habe.

Leuchtkugeln

Teil der Esoterik Praktiken sind auch die sogenannten »Leuchtkugeln« oder »Orbs« genannt, die in der Esoterik die Verbindung mit kosmischer Energie und dem Kontakt zu Lichtwesen oder esoterischen »Engeln« herstellen. Diese Leucht- oder Lichtkugeln bezeugen damit die Präsenz einer übergeordneten universalen Energiequelle, und die Verbindung zum Universum.

Es handelt sich um Lichterscheinungen, die häufig in Form von transparenten durchsichtigen Kugeln jeder Größe auftauchen.

In der Esoterik Fortgeschrittene sind durch dubiose »Kräfte« durchaus in der Lage, durch ihr sogenanntes »Drittes spirituelles Auge« Leuchtkugeln zu produzieren, durch die sie dann Kontakt mit esoterischen Engeln oder anderen Lichtwesen aufnehmen können.

Auch hier, in diesem doch äußerst skurrilem Bereich, muss ich darauf hinweisen, dass es in der ganzen Palette von Erscheinungsorten auf der ganzen Welt tatsächlich Visionen gibt, wo der Seher berichtet, dass himmlische Wesen oder »Engel« aus großen Leuchtkugeln heraussteigen, um ihre »himmlischen Botschaften« zu verkünden.

Engelerscheinungen

Im engen esoterischen Zusammenhang mit den Leuchtkugeln stehen die diversen Engelerscheinungen der Esoterik, die bei erfahrenen Esoterikern erscheinen können und ihre Liebe, Hilfe und Schutz in allen Lebenslagen anbieten. Die Palette der Engel im Bereich der Esoterik ist riesengroß und diese keineswegs himmlischen Engel sind der Kernbestandteil und das Kerngeschäft der Esoterik. Also ist besondere Vorsicht geboten, wenn bei einem der vielen Erscheinungsorte plötzlich eine große Zahl von Engeln nacheinander auftaucht, und vor lauter Engeln plötzlich die »himmlischen« Botschaften eher in den Hintergrund treten und Erzengel, Erzengel, Seraphine und sonstige Wesen plötzlich das Kommando übernehmen.

Auch zu unserem katholischen Glauben gehören von der Bibel und Kirchentradition her natürlich Engel dazu, das ist völlig klar und unbestreitbar. Auch der mächtige Erzengel Michael, mein Namenspatron, gehörte immer zu meinem katholischen Leben dazu und ich habe so oft um seine Hilfe und seinen Schutz gebeten.

Wenn die Geschichte mit den Engeln aber zu extrem und suspekt wird, dann ist große Vorsicht geboten.

Hellhören/Hellsehen

Die Esoterik gilt allgemein als Grenzwissenschaft, die durch Heranziehung okkulter und metaphysischer Praktiken dem Menschen bei der Selbstverwirklichung helfen will. Und eine Spezialbegabung eines Menschen in der Esoterik ist auch das sogenannte »Hellhören« bzw. »Hellsehen«:

Es gibt tatsächlich Seher, die sich des Hellhörens oder Hellsehens rühmen. Sie seien bei enormer Konzentration in der Lage, zu hören, was andere Menschen über sie erzählen, auch wenn diese sich kilometerweit entfernt aufhalten.

Jetzt, wenn man sich etwas mehr mit den verschiedenen Strömungen der Esoterik beschäftigt, liegt zumindest die Vermutung nahe, dass es sich hierbei um das sogenannte esoterische »Hellhören« handelt, einer Form des Okkultismus und Spiritismus. Hier ist das »Hellhören« eine spezielle Fähigkeit, mit deren Hilfe man Menschen hören kann, die sich entfernt vom Hörenden auf Distanz in einem ganz anderen Raum befinden. Diese »Mediatoren« sind auch in der Lage, Kontakte mit dem Jenseits oder mit Menschen aus der Vergangenheit oder Zukunft aufzunehmen. Diese geschulten »Mediatoren« können auf diese Art und Weise auch Botschaften von »Engeln« oder »Geistern« empfangen. Hellhören ist damit paranormales Hören eines akustischen außersinnlichen Eindrucks.

Und dass diese »Gabe« keine Gabe des Heiligen Geistes ist und dass diese Geister oder Engel, mit denen man in Kontakt tritt, keine himmlischen Wesen sind, sollte jedem klar sein und es ist höchst gefährlich, sich damit zu beschäftigen. Hier scheinen dunklen Mächte mit dem Medium zu spielen, ohne dass das Medium sich überhaupt bewusst wird, was da eigentlich gerade passiert. Es ist ein gefährliches Spiel mit dem Feuer und ein Einlasstor für Dämonen.

Das Gleiche betrifft das sogenannte »Hellsehen«, das von diversen Sehern als ihre außergewöhnliche Gabe geschildert wird. Sie teilen ihren Anhängern und Pilgern immer wieder spezielle auch private Dinge mit, die sie normal nicht wissen können. Sie scheinen hier tatsächlich eine mediale Fähigkeit zu besitzen, die sie aber vermutlich nicht vom Himmel erhalten haben.

Hierbei handelt es sich meiner persönlichen Ansicht nach um eine Fähigkeit, Dinge jenseits der eigenen Reich- und Sichtweite zu sehen. Dabei kann es sich um die Gegenwart, Vergangenheit oder Zukunft handeln. Man nennt das auch das sogenannte zweite Gesicht. Dies ist keine Gottesgabe oder ein besonderes Charisma des Heiligen Geistes. Da die meisten Seher an den unterschiedlichen Erscheinungsorten immer mehr zu »begnadeten« und bewunderten Persönlichkeit geworden sind, ist eine solche »Fähigkeit« natürlich auch mehr als geeignet, um die Menschen noch mehr an sich zu fesseln und somit die Glaubwürdigkeit ihrer »Botschaften« zu erhöhen. Der Seher hat dieses oder jenes »gesehen«, hat das prophezeit und »gehört« und schon sind diese übersinnlichen Fähigkeiten mehr Anziehungspunkt als die eigentlichen »Himmelsbotschaften«.

Ein ganz brisanter Bereich betrifft natürlich die von manchen Sehern bzw. Visionären oft geschilderten Erlebnisse und Besuche von Toten beziehungsweise armen Seelen. Für die gläubigen Christen und Katholiken rund um diese Phänomene ist es selbstverständlich, dass eine solch begnadete Person wie X oder Y natürlich auch in der Lage ist, Besuch und Botschaften von Verstorbenen zu erhalten. Da gibt es bei der gutgläubigen Pilgerschar gar keine Zweifel. Viele Menschen sind natürlich fasziniert von den Mitteilungen von X über die Besuche von Verstorbenen beziehungsweise armen Seelen, die da und dort um Hilfe bei Y ersucht haben. Jetzt wird im Rückblick und in Bezug auf die von mir geschilderten Phänomene der gefährlichen Esoterik leider offensichtlich, dass diese Menschen die Türen zur Dunkelheit leider weit geöffnet haben und so weit fortgeschritten sind, dass sie tatsächlich in der Lage sind, mit Verstorbenen zu kommunizieren. Und das könnte eventuell mehr als gefährlich werden.

Gott verschenkt keine Gnaden, die die Tore zur Unterwelt öffnen und hat sich an den weltweit anerkannten Wallfahrtsorten wie Guadaloupe, Lourdes, Fatima, La Salette oder Banneux stets dadurch offenbart, dass es einzig und alleine darum ging, himmlische Botschaften zu verkünden und durch die auserwählten »Seher« weiterzutragen. Besonderer spezieller übernatürlicher Zusatzfähigkeiten bedurfte es als Seher dazu nicht. Sie alle waren einfache bescheidene Verkünder der Botschaften des Himmels, nicht mehr und nicht weniger. Diese Verkünder haben sich danach wieder in die Einsamkeit eines normalen Lebens zurückgezogen und kein großes Aufheben um ihre Person gemacht.

Diese esoterischen »Sonderbegabungen« vergrößern nur den Personenkult und lassen diese Person wichtiger erscheinen als die Erscheinungen und leider auch wichtiger als alle katholischen Priester aus dem Umfeld. Damit wird auch der Sohn Gottes mit seinen von ihm auserwählten Priestern beleidigt und verletzt. Da ist größte Vorsicht geboten.

Inhalt eines wegen dieses Buches geführten Interviews mit zwei katholischen Priester

Zwei katholische Priester, einer davon anerkannter Fachmann in Sachen Privatoffenbarungen , der andere anerkannter katholischer Exorzist haben sich in kurzen Interviews zur Problematik der Privatoffenbarungen wie folgt geäußert. *: »Das Hauptproblem und damit auch der Beweis, dass etwas nicht stimmt, ist bei einigen mir bekannten Sehern ein ausgesprochener Stolzkomplex . Wenn es um deren Anerkennung als Seher, ihre öffentliche Wahrnehmung und ihre Verbreitung geht, nehmen sie jede Hilfe, egal von wo in Anspruch. Auch wenn sie oftmals über die Amtskirche schimpfen, nehmen sie dann doch, wenn möglich und nötig, deren Hilfe an. Diese Ungereimtheit nehmen sie aber gerne in Kauf, um überall als vernünftige und bodenständige Seher anerkannt zu werden.*

Das Problem bei diesen Ereignissen rund um vermeintliche Erscheinungsorte, ist das Faktum, dass den meisten Gläubigen grundlegende dogmatische Kenntnisse fehlen. Die von der heutigen Zeit und leider auch von der Amtskirche verunsicherten Menschen stürzen sich quasi auf die Erscheinungen und die Botschaften, die ihnen überall präsentiert werden. Sie sind von der Kirche vielfach enttäuscht und suchen sich ihre Hilfe halt bei den Privatoffenbarungen als Ersatzkirche. Die Privatoffenbarungen gelten nun leider bei vielen Gläubigen als Ersatzlehramt, was aber nicht zu einer Konsolidierung des Glaubens und des Zustands der Gläubigen beiträgt«

So der Wortlaut des Interviews mit dem ersten Priester.

»Bei den vielen diversen »Erscheinungsorten« ist es immer wieder die Regel, dass einige Menschen hellauf begeistert sind , und berichten von eigenen persönlichen Visionen, die sie dort erlebt haben, aber es gibt auch viele negative und ablehnende Rückmeldungen von Personen, die dort gewesen sind. Es liegt meistens eine Spaltung vor, entweder ist man himmelhoch überzeugt von den Geschehnissen an diesen Orten, oder man lehnt sie strikt und vehement ab. Und diese Spaltung der Gläubigen ist meistens kein gutes Zeichen.

Beim Durchlesen diverser »himmlischer Botschaften« aus unterschiedlichen Erscheinungsorten, sind mir häufig unzählige offensichtliche theologische Fehler aufgefallen, die unserem katholischen Glauben von grund auf widersprechen. Dies aber kann bei Gott nicht vorkommen und das reicht mir vollkommen aus, um einige dieser Erscheinungsorte eindeutig als falsche Privatoffenbarung zu identifizieren.

Leider ist aber häufig so, dass die Fans und Anhänger dieser Erscheinungsorte und der Seher, egal was an fragwürdigen Dingen rund um die Seher oder den Ort passiert, äußerst beratungsresistent erscheinen. Sie gehen ihren Irrweg einfach weiter, ohne darüber nachdenken zu wollen, das offensichtlich einiges dort nicht stimmt und falsch ist. Und das ist für mich als Exorzist auch ein Indiz dafür, dass diese ganzen Phänomene mehr sind als eine menschliche Erfindung, und dass da ganz andere negative Kräfte im Spiel sind, die hinter diesen Spektakeln um die vermeintlichen Seher stehen. **Und wenn das stimmt, wovon ich im Moment leider ausgehen muss, dann haben die Pilger, die zu diesen Orten und den vermeintlichen Erscheinungen weiter hinfahren, ein großes gefährliches Problem. Ich selbst kümmere mich im Moment als Exorzist um eine Person, die an einem dieser Wallfahrtsorte plötzlich auch eine »Vision« hatte und die nun meiner Hilfe bedarf. Das alles ist sehr bedenklich und enorm gefährlich! Denn nicht nur diese fehlgeleiteten Seher, sondern auch die Pilger und Wallfahrer sind in einen gefährlichen Sog geraten und bedürfen dringend der professionellen Hilfe eines erfahrenen katholischen Priesters und Exorzisten.«**

Soweit der Wortlaut des zweiten von mir geführten Interviews.

Dazu ist von meiner Seite aus bestätigend und ergänzend zu diesen beiden kleinen Interviews zu sagen, dass die Problematik in diesem Bereich der Privatoffenbarungen wirklich auch an den vielen Gläubigen liegt, die sich gewissermaßen auf die Erscheinungen und Privatoffenbarungen stürzen und einfach ohne solche vermeintlichen himmlischen Visionen ihren Glauben nicht mehr praktizieren wollen. Der Himmel muss einfach eingreifen und Botschaften von oben senden, weil die Welt oder Deutschland sonst untergeht. Ob diese Botschaften dann logisch sind und unserem katholischen Glauben noch entsprechen, spielt keine Rolle mehr. Es ist der Himmel, der sich da äußert, Kritik nicht erwünscht.

All die Ungereimtheiten und oftmals in sich widersprüchlichen Äußerungen der Seher, all das ist den treuen Pilgern ziemlich egal. Weil sie sich auf keinen Fall diesen »Wallfahrtsort« nehmen lassen wollten, egal wie zwielichtig und unlogisch sich das Ganze entwickelte. Das grenzt dann schon an Sektierertum, wo aus Treue der Verstand ausgeschaltet wird. Aber unser aller Ansinnen muss es jetzt auch sein, diesen Menschen zu helfen und sie aus dem gefährlichen Umfeld von einigen Wallfahrtsorten zu befreien.

Diejenigen, die es geschafft haben, sich aus dem Sog solcher »Wallfahrtsorte« zu befreien, werden aber nicht in Ruhe gelassen. Einige dieser vermeintlichen Seher sehen darin ein übles Vergehen, wenn man ihnen nicht mehr glaubt und reagieren mit Wut und übler Nachrede diesen Menschen gegenüber, als Folge der Abkehr von ihren Botschaften.

Und gerade bei den vielen katholischen Priestern, die in den vergangenen Jahren sich teilweise sehr intensiv für diese Erscheinungsorte eingesetzt haben, muss leider festgestellt werden, dass Gehorsam und Demut gegenüber diesen katholischen Priestern nur solange praktiziert wurde, wie diese Priester an die Erscheinungen glaubten. Sobald sie Zweifel äußerten oder sich ganz davon abwandten, wurden sie genauso beschimpft, bedroht und verleumdet, wie alle anderen auch.

Nur Demut und Gehorsam gegenüber geweihten katholischen Priestern, die sich in der Nachfolge Jesu Christen befinden, halte ich für ein absolutes Echtheitszeichen von Privatoffenbarungen. Wer sich selbst trotz aller Erscheinungen und Visionen demütig vor einem katholischen Priester verbeugt und seine Weisungen annimmt, der hat die katholische Lehre und den Glauben verinnerlicht und seine eigene Kleinheit vor Gott akzeptiert. Wer sich aber so negativ und böse gegenüber Priestern verhält, die den Offenbarungen nicht mehr glauben, der zeigt, wes Geistes Kind er wirklich ist.

Vergleichen wir die Ereignisse rund um die vielen neuen teilweise doch sehr dubiosen Erscheinungsorte noch einmal mit den wunderbaren Folgen, die die Erscheinungen von Lourdes damals hatten. Die göttliche Liebe, die Caritas, die Heilungen von Kranken, die Prozessionen, die Buße und das dort bis heute praktizierte Glaubensleben, das die Menschen aus aller Welt bis auf den heutigen Tag eint und fasziniert und voller Mut, Glaube und Gottvertrauen wieder nach Hause fahren lässt. Was für ein Segen, der dort seit 1858 fortwährend an die kranken und gesunden Pilger und ihre Helfer täglich weiter ausgeschüttet wird.

Und im Gegensatz dazu die Folgen einiger aktueller Erscheinungsorte, die Spaltung, Unruhe, Fanatismus und alles andere als Nächstenliebe zur Folge haben. Wenn die Gegenseite auch alles versucht, nachzuahmen und zu täuschen, die Auswirkungen können dann nicht himmlisch oder christlich oder gottwohlgefällig sein. Spätestens da trennt sich die Spreu vom Weizen.

Aber auch hier möchte ich wiederum feststellen, dass ich die meisten der heutigen Visionäre bzw. Seher keineswegs für grundauf böse oder schlechte Menschen halte. Sie sind vielmehr da in etwas Übles hereingerutscht, und können dem aus eigener Kraft ohne unsere Gebete und Fürbitten nicht mehr entfliehen.

Hier ist jetzt unser aller intensiver Einsatz für diese Menschen erforderlich. Unabhängig von den von mir erwähnten katholischen Priestern, die hier helfen könnten, bitte ich alle Gläubigen, die in irgendeiner Art und Weise mit diesen Erscheinungsorten und den Sehern zu tun haben oder hatten, dringend um intensives Gebet, um diesen Menschen zu helfen. Denn das gemeinsame inständige Gebet ist immer in der Lage, die Dunkelheit zu vertreiben und das göttliche Licht wieder aufleuchten zu lassen. Unser gemeinsames Gebet wird irgendwann immer den Sieg davontragen.

Ich wiederhole nochmals eindringlich, dass ich hier in keinster Weise dem Urteil der Katholischen Kirche bei diesen neuen Erscheinungsorten vorgreifen will, sondern nur meine eigenen subjektiven Bedenken an den Erscheinungen äußere, nicht mehr und nicht weniger. Nur die Heilige Katholische Kirche hat hier die vom Heiligen Geist übertragene Amtsgewalt und Entscheidungsbefugnis, der auch ich mich beugen werde, sollte die Kirche bezüglich einiger neuer Erscheinungsorte zu einem anderen Ergebnis kommen als ich. Es erschien mir als meine Verpflichtung Gott gegenüber, über die vielen merkwürdigen und teilweise auch dubiosen Dinge im Umfeld einiger Erscheinungsorte zu berichten. Und das habe ich hiermit auch getan und hoffe, dass ich damit einige Menschen zumindest zum Nachdenken gebracht habe!

Subjektive Meinungen bzw. persönliche Werturteile müssen keine realen Tatsachen enthalten, weil sie von der subjektiven eingeschränkten Sichtweise des Autors abhängig sind.

Ich bin Gott und den Menschen gegenüber zur Wahrheit verpflichtet, und das habe ich mit diesem Büchlein versucht zu tun.

Beten wir alle gemeinsam, dass die Wahrheit siegen möge!!

Schlussgedanken

Allein der Glaube an Gott und die Heilige Dreifaltigkeit ist der einfache und am meisten von Gott geschätzte Weg, um ihn zu aufspüren und zu erkennen. Denn »Selig, die nicht sehen und doch glauben«, so heißt es im Heiligen Evangelium nach Johannes, denn mit diesen Worten tadelte Christus indirekt den Apostel Thomas. Wir wollen so gerne durch die Privatoffenbarungen und Erscheinungen überall auf der Welt unseren Glauben bestätigt wissen, und hoffen, dass damit der Himmel die Erde berührt. Bezweifeln wir damit nicht unseren Glauben, wie auch der Heilige Apostel Thomas unbedingt den Beweis haben wollte?

Als Beispiel dafür können wir auch zurückblicken in die Kirchengeschichte zum Heiligen König Ludwig IX. von Frankreich, der sich bei einer Reise durch sein Land an einem Ort aufhielt, wo sich gerade ein eucharistisches Wunder ereignet haben sollte. In einer Kirche dieses Ortes soll in einer konsekrierten Hostie plötzlich das Bild unseres Erlösers Jesus Christus erschienen sein. Die Antwort des Königs darauf, können wir uns alle immer wieder bei jeder Heiligen Messe ins Gedächtnis rufen. Der König entgegnete nämlich, dass jeder der irgendwie an der Gegenwart Christi in der Heiligen Eucharistie zweifele, dort hingehen solle und gerne das Wunder anschauen möge. Er glaube fest an die Hochheilige Eucharistie und an die Gegenwart des Sohnes Gottes darin, er brauche keine Zusatzwunder!

Natürlich sind Privatoffenbarungen, Visionen und unerklärliche Wunder immer etwas Besonderes und Außergewöhnliches, aber sich diese Zeichen wünschen oder herbeisehnen, erscheint mir nicht der richtige Weg. Denn sie sind, wie oben erklärt, auch ein Zeichen mangelnden Glaubens. Es hat diese Wunder zwar in der langen Geschichte der Kirche immer wieder gegeben, aber die Heilige Katholische Kirche würde niemals die Gläubigen dazu verpflichten, an diese Privatoffenbarungen zu glauben. Sie verpflichtet sich aber dazu, darüber zu urteilen, ob eine Erscheinung oder ein Wunder echt oder glaubwürdig ist. Offensichtlich ist auch, dass diese Privatoffenbarungen unseren reichen Glaubensschatz nicht erweitern oder vermehren können. Die Kirche wird zwar durch den Heiligen Geist geführt, und dadurch gibt es ein immer tieferes spirituelles Wachsen in der Erkenntnis des Glaubens, aber es kann keine weiteren neuen Wahrheiten geben.

Nun muss man sich natürlich fragen, wo liegt dann der eigentliche Sinn der Privatoffenbarungen? Dieser Sinn und Zweck wird von Gott in seinem Erbarmen zu uns Menschen vorher festgelegt. Es kann eine lebendigere Vorstellung und Realisierung dieser unserer Glaubenswahrheiten sein; es kann wie bei einigen Heiligen geschehen, Schauungen über Himmel, Fegefeuer und Hölle der Sinn sein, es kann aber auch reale Schauungen über das Leben von Jesus und Maria geben, um die Bibel wirkkräftiger zu machen. Das alles liegt im Ermessen des Schöpfers und seinem unendlichen Erbarmen mit uns.

Doch der Allmächtige kann auch Privatoffenbarungen zulassen, um seinen göttlichen Willen für ganz besondere Zeiten und Umstände kundzutun. Ein wunderbares Beispiel dafür sind die Offenbarungen des Herrn an die Heilige Margareta Maria Alacoque, in denen er veranlasste, dass die Verehrung seines heiligsten Herzens gefördert wurde.

Oder die Erscheinung der Gottesmutter in Fatima und ihre Aufforderung zur Verehrung ihres Unbefleckten Herzens, die seit Fatima überall weltweit verbreitet wurde. Privatoffenbarungen, die von Gott gewünscht sind, können natürlich wie im Alten Testament prophetisch sein und als Mahnung und Warnung gelten und dies geschieht dann meistens durch Menschen, die in der kirchlichen Hierarchie keine große Rolle spielen. Gerade das hat sich durch viele Seher bestätigt, wie zum Beispiel der von mir mehrfach erwähnten und hochverehrten Heiligen Bernadette Soubirous, die so wundervoll einfach, bescheiden und demütig war.

Es hilft aber überhaupt nichts, wie jetzt in diesen nun wirklich stürmischen Weltzeiten, jeder Erscheinung oder

Privatoffenbarung hinterherzulaufen, weil Gott damit die Welt retten wolle.

Jede dieser Offenbarungen muss sorgfältig geprüft werden, denn sehr leicht können Einbildungen, Hirngespinste, Betrug und leider auch böse dämonische Einflüsse eine entscheidende Rolle spielen. Wie im Alten Bund immer wieder Lügenpropheten auftraten, so gibt es leider auch in der heutigen Zeit viele falsche Mystiker und Visionäre, die den Menschen nur nach dem Mund reden.

Wie oben schon erwähnt, ist die Glaubwürdigkeit des Visionärs ein ganz entscheidendes Kriterium. Die Privatoffenbarung steht und fällt mit dem Auftreten und der Glaubwürdigkeit des Sehers. Ist diese Person ehrlich, demütig, wahrhaftig und sachlich, oder bildet sie sich auf ihre Offenbarungen etwas ein und lässt es an Demut und Bescheidenheit mangeln? Versucht sie vielleicht sogar, Vorteile für sich aus den Visionen zu ziehen?

Erwähnenswert ist außerdem, dass es auch bei echten mystischen Visionen öfters zu einer Vermischung des göttlichen Einflusses mit subjektiven persönlichen Gedächtnisinhalten und eigenen Vorstellungen kommen kann. Der Visionär ist wegen seiner Menschlichkeit nicht in der Lage, zu differenzieren und zu unterscheiden. Selbst die echten göttlichen Offenbarungen können da menschliche Fehler und Ungenauigkeiten enthalten, weil der betreffende Mensch etwas ganz falsch aufgefasst oder erfasst hat.

Sogar die anerkannte Mystikerin Anna Katharina Emmerich hat immer wieder betont, dass sie Erinnerungslücken habe und sich nicht sicher sei, dass sie alles richtig erfasst habe. Aus diesen genannten Gründen können nicht anerkannte Privatoffenbarungen niemals Gegenstand des reinen katholischen Glaubens sein. Die Heilige Katholische Kirche, die auf der unabänderlichen Wahrheit der Lehre unseres Heilands Jesus Christus beruht, versucht in diesen Fällen immer die Extreme zu vermeiden. Es kann nicht richtig sein, wenn so viele Gutgläubige ihr ganzes religiöses Leben nur auf Privatoffenbarungen aufbauen, andererseits kann es auch nicht richtig sein, sie von Anfang an ohne Prüfung sofort abzulehnen. Hier scheint der Mittelweg mehr der richtige Weg zu sein.

Wenn die Katholische Kirche sich zu einer Privatoffenbarung wohlwollend äußert, dann heißt das eigentlich nur, dass in den entsprechenden Botschaften keine Häresien oder Irrtümer gegen den Glauben enthalten sind, dies bedeutet aber nicht, dass damit alles, was in diesen privaten Offenbarungen enthalten ist, absolut wahr und ohne Fehler ist. Denn nur Gott alleine ist die absolute und endgültige Wahrheit und fehlerlos, nicht der Mensch, der als Werkzeug benutzt wurde. Zusammenfassend und abschließend lässt sich feststellen, dass man den vielen, zur Zeit an allen Ecken der Welt neuen und von der Kirche noch nicht gutgeheißenen privaten Offenbarungen, erstmal sehr vorsichtig und skeptisch gegenübertreten sollte. Auch wenn sich alles so himmlisch und unserem Glauben entsprechend anhören sollte, ist immer ein Maß von Vorsicht und Achtsamkeit angebracht. Wir haben in dieser unserer Heiligen Katholischen Kirche alles, was wir brauchen, um das Ewige Heil zu erlangen. Wir haben die Heilige Messe, die Eucharistie, die Beichte, den Rosenkranz und so vieles andere mehr. Diese wunderbaren Gnadengeschenke sollten wir so oft wie möglich nutzen, denn das ist unser göttliches Gnadengeschenk auf dem Weg zum Himmel. Warum jeder nicht anerkannten Erscheinung oder Vision hinterherlaufen, wenn uns der Herr doch selbst schon alles geschenkt hat, was nötig ist? Was brauchen und wollen wir denn noch mehr als Garantie, irgendwann zu ihm zu kommen?

Also Vorsicht walten lassen und gegebenenfalls bei diesen »Erscheinungen« und an diesen Erscheinungsorten auf die Gebete und Hilfsmittel der Katholischen Kirche zurückgreifen. Ich bitte daher alle, die sich in an solchen noch nicht anerkannten »Wallfahrtsorten« aufhalten eindringlich folgendes Gebet zu sprechen, was von der Heiligen Katholischen Kirche anerkannt worden ist:

»Wenn Du von meinem Herrn Jesus Christus kommst, der alle Dinge liebt und geschaffen hat, dann bist Du willkom-

men im Namen des Vaters und des Sohnes und des Heiligen Geistes (dabei das Kreuzzeichen machen). Wenn Du oder dies nicht von meinem Herrn Jesus Christus kommst, dann weiche jetzt durch seine Heiligen Wunden, Sein qualvolles Leiden, Seinen grausamen Tod und Seine glorreiche Auferstehung im Namen des Vaters und des Sohnes und des Heiligen Geistes (auch dabei das Kreuzzeichen machen). AMEN.

Unser Herr Jesus Christus ist wahrer Gott und wahrer Mensch und Herr über alles. HALLELUJA!«

Und danach überlassen wir alles Weitere dem Schöpfer aller Dinge und vertrauen ihm bedingungslos, denn seine göttliche Macht ist grenzenlos.

Heiliger Erzengel Michael,
verteidige uns im Kampfe gegen die Bosheit
und die Nachstellungen des Teufels.
Sei Du unser Schutz!
Gott gebiete ihm,
so bitten wir flehentlich.
Du aber,
Fürst der himmlischen Heerscharen,
stürze den Satan und die anderen bösen Geister,
die zum Verderben der Seelen die Welt durchziehen,
durch die Kraft Gottes in die Hölle hinab!

AMEN

WER IST WIE GOTT? NIEMAND IST WIE GOTT

WER IST WIE GOTT? NIEMAND IST WIE GOTT

WER IST WIE GOTT? NIEMAND IST WIE GOTT

Literatur- und Quellenverzeichnis

Die Bibel. Vollständige Ausgabe des Alten und Neuen Testamentes übersetzt von Hamp, Stenzel, Kürzinger. November 1962 Verlagsgruppe Weltbild.

Christliche Mitte/ Adelgunde Mertensacker: Irrwege des Glücks. Lippstadt 2005.

Devlin, Patricia: Das Licht der Liebe. Miriam Verlag, 3. Auflage, Jestetten 2011.

Gutzwiller, Richard: Meditationen über Johannes. Benziger Verlag, Einsiedeln 1958.

Holbe, Rainer, Knaurs Lesefestival S. 155-160 Unglaubliche Geschichten Drömer/München 1985

Marcuse, Ludwig: Ignatius von Loyola – Ein Soldat der Kirche. Diogenes, 4. Auflage, Zürich 2008.

Pater Jeremia Keine Angst vorm Exorzisten Epubli Eigenverlag

Pies, Michael Die Engel von Lourdes 1. Auflage, Miriam Verlag, Jestetten, 2014

Pilar, Clemens: Esoterik oder christlicher Glaube. 2. Auflage, Wien 2000

Pilar, Clemens: Yoga Astro Globuli – Christlicher Glaube und Alltagsesoterik. Sankt Ulrich Verlag, Augsburg 2009.

Pliya, Jean: Von der Finsternis zum Licht – Handbuch für den Befreiungsdienst in der Katholischen Kirche. Unio Verlag, Fremdingen 2004.

Kwasniewski, Peter: Wahrer Gehorsam in der Kirche. Os Iusti Press 2022.

Lexikon für Theologie und Kirche, Bd. 9: Seelenwanderung.

Sarrach, Alfons Die Madonna und die Deutschen. Miriam Verlag, Jestetten 1997.

Scaramelli, J.B.: Wegbegleitung in der mystischen Erfahrung. Neu bearbeitet von Fridolin Marxer. Echter Verlag, Würzburg 2001.

Scaramelli, J.B.: Geistlicher Führer auf dem Wege der Mystik. Leutesdorf 1937.

Scaramelli, J.B.: Anleitung in der mystischen Theologie . Olms Verlag, Hildesheim 1973.

Scaramelli, J.B.: Regeln zur Unterscheidung der Geister. FE Medienverlag, Kißlegg 2021.

Scaramelli J.B. / Bona, Kardinal Johannes: Die Unterscheidung der Geister. Sarto Verlag, Bobingen 2005.

Zureich, Beatrix: Prophetie damals und heute. Damelis Verlag 2012.

Artikel von Marianne Schlosser, Universität Wien: ts-ktf.univie.ac.at

Thomas von Aquin Catena Aurea – Kommentar zu den Evangelien im Jahreskreis.

Thomas von Aquin: Attendite a falsis prophetis.

Thomas von Aquin: Über Prophetie und falsche Propheten.

Internetartikel:

Laible, Wilhelm: Woran erkennt man falsche Propheten? – Internetveröffentlichung.

https:// www.gottliebtuns.com/mobile/privatoffenbarungen-1.htm

https://www.cetirol.org/privatoffenbarungen

https://introibo.net/privatoffenbarungen.htm